THETA HEALING

APPROFONDIR POUR TROUVER LES CROYANCES

THETA HEALING

APPROFONDIR POUR TROUVER LES CROYANCES

VIANNA STIBAL

 PUBLISHING

www.w-cooperations.ch

Publié et distribué au Royaume-Uni par :
Hay House UK Ltd, Astley House, 33 Notting Hill Gate, Londres W11 3JQ
tél. : +44 (0)20 3675 2450, fax : +44 (0)20 3675 2451, www.hayhouse.co.uk

Publié et distribué aux États-Unis d'Amérique par :
Hay House Inc., PO Box 5100, Carlsbad, CA 92018-5100
tél. : (1) 760 431 7695 ou (800) 654 5126
fax : (1) 760 431 6948 ou (800) 650 5115, www.hayhouse.com

Publié et distribué en Australie par :
Hay House Australia Ltd, 18/36 Ralph St, Alexandria NSW 2015
tél. : (61) 2 9669 4299, fax : (61) 2 9669 4144, www.hayhouse.com.au

Publié et distribué en République d'Afrique du Sud par :
Hay House SA (Pty) Ltd, PO Box 990, Witkoppen 2068
info@hayhouse.co.za, www.hayhouse.co.za

Publié et distribué en Inde par :
Hay House Publishers India, Muskaan Complex, Plot
No.3, B-2, Vasant Kunj, New Delhi 110 070
tél. : (91) 11 4176 1620, fax : (91) 11 4176 1630, www.hayhouse.co.in

Distribué au Canada par :
Raincoast Books, 2440 Viking Way, Richmond, B.C. V6V 1N2
tél. : (1) 604 448 7100, fax : (1) 604 270 7161, www.raincoast.com

Ce livre est issu des séminaires et manuels de Vianna Stibal, fondatrice du ThetaHealing®.

Production et édition :
W-Cooperations GmbH | W-Publishing | Kriessern

Un enregistrement de ce livre est disponible à la British Library.

ISBN : 978-3-9525328-0-5

Images intérieures : 123rf/sumkinn.

SOMMAIRE

Voir le glossaire pour **les termes en gras**.

LISTE D'EXERCICES

PRÉFACE

Le ThetaHealing est une philosophie et une **méthode de guérison** complète, qui peut être utilisée pour changer les croyances limitantes et pour améliorer les croyances positives, ainsi que la compréhension de soi, et évoluer spirituellement pour le bien de l'humanité.

Ce livre a été conçu pour être un guide profond sur le travail des croyances, en complément des livres *ThetaHealing*, *ThetaHealing avancé*, *ThetaHealing Maladies et troubles de la santé*, et *Plans de l'existence*.

Dans le premier livre, *ThetaHealing*, j'explique pas à pas les procédés pour les lectures, les guérisons, **le travail sur les croyances, sur les sentiments, l'approfondissement et le travail sur l'ADN,** et je propose une introduction aux **plans de l'existence,** ainsi que des connaissances supplémentaires pour les débutants.

Le second livre, *ThetaHealing avancé*, donne une idée plus précise du travail sur les croyances et les sentiments, sur l'approfondissement, ainsi que des explications plus détaillées sur les plans de l'existence et sur les croyances que je pense essentielles pour une bonne évolution spirituelle. Le livre *ThetaHealing avancé* développe le premier livre, *ThetaHealing*, tandis que *Plans de l'existence* définit la philosophie du ThetaHealing.

Il est nécessaire de parvenir à une compréhension des processus qui sont donnés dans *ThetaHealing* pour utiliser pleinement la pratique du travail sur les croyances décrite dans ce livre. Cependant, vous trouverez une description des processus de ThetaHealing dans les chapitres 1 et 2 et dans le glossaire – tous ces éléments peuvent vous être utiles si vous êtes nouveau dans le ThetaHealing.

Les techniques de guérison énergétique utilisées dans ce livre sont expliquées en détail dans *ThetaHealing* et *ThetaHealing avancé*, ainsi que les pratiques de méditation utilisant **l'onde cérébrale Thêta**, qui, je crois, créent une guérison physique, psychologique et spirituelle. Alors que nous sommes dans un **état d'esprit Thêta** pur et divin, nous sommes capables de nous connecter avec le **Créateur de Tout Ce Qui Est** par une prière focalisée. Le Créateur nous a donné la connaissance fascinante que vous êtes sur le point de recevoir ; elle a changé ma vie et celle de beaucoup d'autres.

Il y a, cependant, une exigence qui est absolue dans le ThetaHealing et les techniques décrites dans ce livre : vous devez avoir une croyance ferme de l'énergie qui coule à travers toutes choses. Certains pourraient appeler cela le « Créateur de Tout Ce Qui Est », « Créateur » ou « Dieu ». Avec l'étude et la pratique, n'importe qui peut le faire ; quiconque croit en Dieu ou en l'essence du Tout Ce Qui Est qui coule à travers toute chose. Le ThetaHealing n'a aucune affiliation religieuse. Ses processus ne sont pas non plus spécifiques à un âge, un sexe, une race, une couleur, une croyance ou une religion. N'importe qui ayant une croyance pure en Dieu ou en la force créatrice peut accéder et utiliser les branches de l'arbre ThetaHealing, et j'ai compris que le Créateur a beaucoup de noms différents : Dieu, la Force vitale, Allah, Créateur de Tout Ce Qui Est, Déesse, Jésus, Saint-Esprit, Source et Yahvé. Même si je partage cette information avec vous, je n'accepte aucune responsabilité pour les changements qui peuvent survenir à la suite de son utilisation. Cette responsabilité est la vôtre, une responsabilité que vous assumez quand vous comprenez que vous avez le pouvoir de changer votre vie, ainsi que la vie des autres.

NOTE AUX LECTEURS

Après avoir donné des cours de ThetaHealing pendant de nombreuses années, j'ai commencé à voir des irrégularités dans la façon dont certains étudiants creusaient pour trouver les croyances de base ou la plus importante d'une séance.

Certains élèves peuvent avoir pris de mauvaises habitudes parce qu'ils ont reçu des enseignements par les premiers enseignants de ThetaHealing, qui avaient appris (ou créé) une mauvaise façon de faire, d'autres élèves n'ont reçu aucune explication sur l'approfondissement du travail sur les croyances. Certains élèves ont téléchargé des croyances négatives ou n'ont téléchargé que de longues listes de sentiments lors de séances de travail sur les croyances, tandis que d'autres ont fait du travail sur les croyances sans faire de téléchargements.

Certains praticiens faisaient du bon travail sur les croyances, mais ce n'était pas aussi efficace que prévu, et leurs clients avaient besoin de plus de séances que nécessaire pour guérir. Certains élèves n'ont pas lu l'explication pour approfondir les croyances dans les livres de base et avancé.

Creuser est une des choses les plus importantes en ThetaHealing, mais chaque année, des étudiants viennent à mes séminaires instructeurs avec de mauvaises habitudes. Le séminaire « Plus approfondir » a été conçu pour les aider à trouver les croyances de façon efficace et rapide, et ce livre en est le résultat.

INTRODUCTION :
LA PSYCHOLOGIE DU
THETAHEALING

Beaucoup de livres ont été écrits sur les croyances, les émotions et les états émotionnels ; et beaucoup de théories sur la manière dont cela se crée – la plupart essaient d'expliquer *comment* cela fonctionne en psychologie, physiologie, neurologie, sociologie, endocrinologie et psychothérapie. La question qu'ils se posent tous est : « Comment peut-on définir un sentiment, une croyance ou une émotion ? Où et comment cela existe-t-il dans le cerveau et qu'est-ce que c'est ? »

En science moderne, la plupart des concepts sur les émotions et les croyances sont, essentiellement, des procédés d'apprentissage de spéculations théoriques, avec des idées construites les unes par-dessus les autres. Pour certains psychologues, un sentiment est une expérience subjective qui est le résultat d'un état émotionnel. Nous pouvons constater le résultat d'un état émotionnel à travers des réactions verbales et physiques, mais nous ne pouvons *mécaniquement* pas voir comment il est créé – sauf en effectuant un électroencéphalogramme pour mesurer les ondes cérébrales et, plus récemment, un tomodensitogramme. Nous pouvons, cependant, supposer que les émotions sont envoyées à travers le corps grâce à des messages chimiques et électriques dans la circulation sanguine et le système neurologique.

Certains psychologues affirment que nos états émotionnels sont essentiellement des réponses biologiques à des facteurs sociaux et environnementaux. Selon ces théories, il y a six émotions de base : colère, dégoût, peur, joie, tristesse et surprise. Ces émotions de base se mélangent avec d'autres émotions plus complexes. Un bon exemple serait de ressentir de la colère et du dégoût en même temps, et ces émotions se mélangent pour former le sentiment de mépris. (S'il vous plaît, comprenez que ces concepts sont, au moins en partie, des théories sur les émotions.)

Rien de cela, cependant, n'explique *pourquoi* nous développons une croyance particulière, ou pourquoi elle nous a été envoyée. Est-ce qu'une croyance est un état émotionnel ? Où se trouve-t-elle dans le cerveau ? Comment est-elle formée ? Pourquoi une personne développe-t-elle certaines croyances, et pas d'autres ? Une chose est sûre : les croyances sont des objets mentaux qui sont profondément ancrés dans le cerveau et qui, comme les souvenirs, peuvent se solidifier en états positifs ou négatifs.

Par conséquent, la question qui se pose ensuite est la suivante : comment reconnaître nos croyances et comment peut-on les changer si besoin est ? La haine, les préjugés et la discrimination ne sont que quelques exemples de croyances négatives qui peuvent se consolider en quelque chose qui dépasse l'émotion, bien qu'elles soient aussi une source d'émotions négatives, alors que les croyances sur la prière, la méditation, l'amour, la bonne volonté, et ainsi de suite, ont tendance à créer des émotions et sentiments positifs. Certains scientifiques pensent que les croyances se solidifient de la même façon que les souvenirs se forment dans le cerveau, mais une fois solidifiées, comment les modifier ?

Kathleen Taylor, une neuroscientifique de l'Université d'Oxford a dit : « Si vous les défiez [les croyances], alors elles vont s'affaiblir légèrement. Si cela s'accompagne d'un important renforcement de nouvelles croyances, vous obtiendrez un changement de priorité de l'une à l'autre. » [1]

LES CROYANCES – UNE PORTE VERS L'INCONSCIENT

Le travail sur les croyances est une partie essentielle du ThetaHealing et peut être facilement compris d'un point de vue **psychologique** comme un moyen d'ouvrir directement une porte vers le subconscient afin de créer un changement. Observer les gens pendant les séances de travail sur les croyances indique qu'il y a une bulle de protection autour de l'océan du subconscient – du moins chez certaines personnes. Ce champ de protection est créé par un processus naturel afin que le disque dur du subconscient puisse nous isoler de la douleur – ou de ce qu'il perçoit comme douloureux pour nous – lorsque nous essayons de changer les croyances (ou **programmes**) qui se sont formées au cours de notre vie.

Le cerveau fonctionne comme un super-ordinateur biologique, évaluant et répondant à l'information reçue. La façon dont nous réagissons à une expérience dépend de l'information donnée au subconscient et de la façon dont elle est reçue et interprétée. Lorsqu'une croyance a été acceptée comme « réelle » par l'esprit, elle se cristallise comme un programme et est placée sur le disque dur du subconscient. Comme en informatique, le ThetaHealing appelle les croyances des « programmes » parce que le disque dur du subconscient « agit » sur ces croyances, qu'elles soient négatives ou positives.

Un programme peut être à notre avantage ou devenir un désavantage, selon ce qu'il est et la façon dont nous y réagissons. Par exemple, vivre avec le programme caché « je ne peux pas réussir » peut entraîner la perte de tout, même après des années de succès, ou des comportements autodestructeurs ; et comme le programme est inconscient, il continue à se saborder lui-même. Ce genre de programmes, qui sont pour la plupart formés durant l'enfance, se trouvent profondément installés dans l'esprit inconscient, attendant l'opportunité de se manifester dans la réalité.

C'est aussi pourquoi, à mesure que nous apprenons et grandissons au cours de notre vie, beaucoup d'entre nous constatent que le changement et la croissance ne sont pas nos amis. Quand nous sommes enfants, les expériences nous apprennent que le changement peut être douloureux, voire dangereux. Les traumatismes subis dans l'enfance – peut-être en raison d'un changement d'école, d'un divorce, d'un décès ou pour toute autre raison – provoquent la formation d'une bulle de protection autour du subconscient, afin de nous protéger de la douleur. En vieillissant, le changement et la croissance (tels qu'ils sont perçus par la mentalité occidentale) sont également perçus comme douloureux. Des événements comme la perte ou le changement d'emploi, la rupture d'une relation ou le vieillissement de notre corps peuvent également être des raisons pour lesquelles notre perception du changement devient de plus en plus négative. Au fur et à mesure que le subconscient intériorise ces comportements appris – dont certains ne sont peut-être pas à notre avantage –, il sait qu'il y a des monstres dans les profondeurs, et certains de ces comportements peuvent être douloureux si nous sommes en contact direct avec eux et si nous tentons de les changer positivement – ainsi, la bulle de protection demeure en place. Plus nous vieillissons, plus il devient difficile d'apporter des changements qui pourraient être douloureux pour nous, et donc les couches de protection deviennent de plus en plus épaisses. Le travail sur les croyances est une façon de percer les couches de la bulle jusqu'au subconscient et d'apporter des changements sans créer de douleur.

Le travail sur les croyances nous donne la capacité d'éliminer tout programme négatif et de le remplacer par un programme positif et bénéfique, grâce à la perception que le changement peut être créé par la force la plus puissante de l'univers, l'énergie des particules subatomiques. La façon dont cette essence est perçue dépend de l'individu. Certains peuvent appeler cette essence « Dieu », mais d'autres peuvent la percevoir scientifiquement. D'une façon ou d'une autre, cela donne un point de repère pour créer un changement tangible dans nos vies. Dans ce processus, une croyance, qui est à la fois externe et interne, est acceptée comme étant plus puissante que toute autre dans notre esprit.

LE PROCESSUS POUR CRÉER DES CHANGEMENTS

En utilisant **le test musculaire** (voir chapitre 2), nous pouvons trouver les croyances qui sont maintenues dans l'inconscient et sur lesquels des **quatre niveaux (base, génétique, historique et âme)** nous les croyons inhérentes en nous. Le test musculaire est une procédure directe – par l'intermédiaire d'une réaction à des stimuli – pour tester votre propre champ énergétique ou celui d'un client, ou l'essence du Tout Ce Qui Est, et une manière précise de révéler si un programme de croyance existe et de le mettre en *conscience*. Le programme peut alors être libéré et un nouveau programme peut être téléchargé à sa place. En d'autres termes, le client *croit* que le programme a été libéré et qu'il y en a un nouveau à la place.

Les tests énergétiques sont utiles pour ceux qui commencent à utiliser le travail sur les croyances et pour les clients qui ont besoin d'une « preuve » que quelque chose se passe. Cependant, une fois que vous vous serez familiarisé avec le processus synchronisé d'approfondissement pour trouver la croyance de fond ou de la croyance clé (que nous explorerons plus en détail dans les chapitres suivants), vous n'aurez pas à utiliser le processus plutôt mécanique des tests énergétiques pour chaque croyance, car le client commencera à faire des changements quantiques intuitifs lors du processus.

Le plus important est que l'outil de test musculaire nous apprend que nous pouvons accéder au subconscient sans douleur et y apporter des changements. Lorsque suffisamment de ces programmes sont modifiés, l'esprit apprend qu'il n'a pas besoin de nous protéger et, finalement, nous avons un accès direct à notre subconscient. À ce stade, nous pouvons commencer à apporter spontanément des changements sans avoir recours à des tests énergétiques. Tout autre changement nécessaire commence à nous venir en rêve dans notre subconscient et ensuite ouvertement dans notre esprit conscient, au fur et à mesure que nous poursuivons notre vie quotidienne. Nous constatons que, même si le changement peut encore être difficile, il n'est plus aussi accablant que nous le craignions. À ce stade, nous faisons automatiquement un travail de croyance sur nous-mêmes, créant instantanément un changement en nous, qui se manifeste et s'étend ensuite aux aspects plus matériels de notre vie.

Cependant, afin de changer les croyances, le subconscient doit se sentir à l'aise pour les libérer. Les quatre niveaux de croyance sont une façon d'ouvrir les portes du subconscient et de créer des changements de programmes qui pourraient autrement demeurer en place. Ceci s'explique parce que, une fois que le subconscient accepte l'idée des quatre niveaux de croyance, il a une structure dans laquelle il peut manifester le changement et la croissance.

Le travail sur les sentiments est une suggestion au subconscient qu'il peut y avoir des sentiments qu'il n'a pas éprouvés ou rejetés pour quelque raison que ce soit dans le passé. Il est également suggéré que ces sentiments peuvent être téléchargés du Divin et, parce que cette suggestion vient d'un lieu divin, le subconscient est plus susceptible **d'accepter** le téléchargement qui lui est présenté, et cela permet d'accepter un changement positif.

Chapitre 1

LA TECHNIQUE THÊTA

Comme je l'ai décrit dans l'introduction, le travail sur les croyances est important pour conscientiser tous les programmes qui nous empêchent de guérir ou d'avancer sur notre chemin. En creusant pour trouver des croyances, vous utiliserez une technique qui vous mènera à une onde cérébrale Thêta et, si vous êtes nouveau en ThetaHealing, vous jugerez peut-être ce chapitre utile pour avoir un survol des techniques de Thêta.

Les techniques de base de guérison et de lecture en ThetaHealing sont vraiment très faciles à suivre. Cependant, *le mode opératoire* de ces procédures est la visualisation, ce qui peut ne pas vous venir naturellement à l'esprit. C'est donc une bonne idée de pratiquer les techniques proposées dans ce chapitre avant de commencer tout travail sur les croyances. Ce que nous avons découvert est que tout le monde peut apprendre à visualiser et, si vous suivez les instructions à votre propre rythme, vous deviendrez doué pour cela.

L'ARBRE DU THETAHEALING

Les guérisons et les lectures sont basées sur le pouvoir de connexion avec le Créateur et de pensée focalisée. Afin d'établir cette connexion et de pouvoir focaliser vos pensées, vous devez d'abord reconnaître vos capacités intuitives. Ensuite, afin de comprendre le processus, apprenez tout ce que vous pouvez sur votre potentiel intérieur.

Les termes suivants font référence aux premières « branches de l'arbre » ThetaHealing que l'on utilise pour « se connecter à Dieu » :

- Le pouvoir des mots et de la pensée

- Les ondes cérébrales

- Les sens psychiques et les chakras

- Le libre arbitre ; la co-création

- La commande ou demande (la commande est pour votre inconscient, la demande est pour le Créateur)

- Le pouvoir de l'observation – visualiser et être le témoin

- Le Créateur de Tout Ce Qui Est du **septième plan d'existence**

L'ÉTAT THÊTA

La prochaine étape du processus est de comprendre comment utiliser **l'état Thêta** pour se préparer au travail sur les croyances. Il y a cinq ondes cérébrales différentes : bêta, alpha, thêta, delta et gamma. Ces ondes cérébrales sont en mouvement perpétuel, étant donné que le cerveau produit constamment des ondes avec ces cinq fréquences. Tout ce que l'on fait et dit est régulé pour les fréquences de nos ondes cérébrales.

Une **onde cérébrale Thêta** est un état de relaxation profonde ; un état de rêve, qui est toujours créatif, inspiré, et caractérisé par les sens de l'esprit. Nous pensons que cet état nous permet d'accéder à l'inconscient et qu'il nous ouvre un canal de communication direct avec le divin.

Je crois que lorsque nous pratiquons la méditation et que nous disons le mot « Dieu », nous sommes capables de tenir une onde cérébrale Thêta consciente. Dans cet état d'esprit Thêta conscient, je crois que nous pouvons créer n'importe quoi, changer notre réalité instantanément, et envoyer notre conscience au-delà de ce corps mortel pour nous connecter au septième plan d'existence, le « Tout Ce Qui Est », l'énergie inhérente à toute chose dans l'univers. De nombreuses études [2] ont montré que le guérisseur et la personne guérie tombent dans une fréquence Thêta-Delta, ce qui peut expliquer les expériences de vision de certains guérisseurs.

Donc, avant de commencer à creuser pour trouver des croyances – que ce soit pour vous ou avec un client –, utilisez la méditation de l'énergie du Tout Ce Qui Est pour aller sur le septième plan de l'existence ; elle ouvrira des portes dans votre esprit et vous connectera avec l'essence la plus pure de l'énergie du Tout Ce Qui Est. Cette carte routière mentale stimulera les neurones de votre cerveau et vous connectera à l'énergie de la création.

FEUILLE DE ROUTE POUR LA MÉDITATION JUSQU'AU CRÉATEUR DE TOUT CE QUI EST (VERSION LONGUE)

Dans cette méditation, qui est une version étoffée de celle donnée dans le livre *Plans de l'existence*, vous partez en voyage à la recherche du Moi-Créateur en vous – qui est la plus haute intelligence et l'amour parfait – et vous voyagez vers la conscience cosmique en même temps.

1. Commence par envoyer ta conscience dans la Terre Mère, dans l'énergie du Tout Ce Qui Est.

2. Maintenant, remonte l'énergie du Tout Ce Qui Est à travers tes pieds et dans ton corps.

3. Maintenant, remonte l'énergie à travers tes sept chakras, continue de monter jusqu'au sommet de ta tête. Imagine cette énergie comme une magnifique boule de lumière et imagine-toi être dans cette boule de lumière. Prends le temps de regarder la couleur de cette boule.

4. Imagine-toi aller au-delà de l'univers et projette ta conscience dans les étoiles.

5. Imagine-toi aller dans la lumière au-delà de l'univers ; c'est une immense et magnifique lumière. Imagine-toi aller à travers cette lumière, tu en verras une autre, et une autre encore.Il y a beaucoup de lumières étincelantes, donc continue de monter.

6. Entre les lumières, il y a des lumières plus sombres, mais ce ne sont que des couches avant la prochaine lumière, donc continue.

7. Finalement, il y a une énorme et magnifique lumière dorée. Passe à travers elle. Lorsque tu la traverses, tu ressentiras peut-être au début une énergie plus sombre — une substance aqueuse, comme de la gelée, qui contient toutes les couleurs de l'arc-en-ciel. Lorsque tu passes dans cette substance gélatineuse, tu remarqueras qu'elle change de couleur — c'est l'endroit où les lois résident, et ici tu verras toutes les sortes de formes et de couleurs. Au loin, tu aperçois une lumière blanche irisée ; c'est une lumière blanche et bleutée, comme une perle. Va vers la lumière. Évite la lumière bleu profond, car c'est la loi du magnétisme. Il est possible d'être envoûté par l'essence des lois, alors assure-toi d'aller à la prochaine lumière.

8. Au fur et à mesure que tu te rapproches de la lumière blanche irisée, tu verras une brume d'une couleur rose. C'est la Loi de la Compassion, et elle te guidera dans le lieu spécial du septième plan de l'existence. Tu pourras constater que la lumière nacrée a la forme d'un rectangle, comme une fenêtre : c'est l'ouverture vers le septième plan.

9. Maintenant, passe par l'ouverture. Va plus profondément dans la lumière. Tu seras dans une lumière blanche qui scintille. Au début, cette lumière peut avoir quelques scintillements de bleu nacré et de rose nacré à l'intérieur, mais elle est principalement blanc neige et luminescente. Sens-la traverser ton corps. C'est léger au toucher, mais ça a de l'essence. Tu peux la sentir passer à travers toi ; c'est comme si tu ne pouvais plus sentir de séparation entre ton propre corps et cette énergie. Tu deviens le Créateur de Tout Ce Qui Est, l'intelligence la plus élevée et le meilleur amour. Ne t'inquiète pas, ton corps ne disparaîtra pas, mais deviendra parfait et sain. Souviens-toi qu'il n'y a que de l'énergie ici, pas des gens ou des choses, donc si tu vois des gens, va plus haut. C'est à partir de cet endroit que le « Créateur de Tout Ce Qui Est » peut effectuer des soins qui vont guérir instantanément et que tu pourras créer tous les aspects de ta vie.

Une fois que tu as compris cette méditation et que tu t'es familiarisé avec sa pratique, tu es prêt à utiliser les processus de lecture et de guérison donnés ci-dessous pour libérer, remplacer et chercher des croyances. Les deux descriptions suivantes de la lecture et de la guérison sont des versions abrégées du livre *ThetaHealing.*

LECTURE

Le processus de lecture est un moyen pour un guérisseur d'envoyer sa conscience dans l'espace d'une autre personne pour faire un scanner corporel. La lecture est simple :

1. Centre-toi.

2. Commence par envoyer ta conscience dans le centre de la Terre Mère, dans l'énergie du Tout Ce Qui Est.

3. Remonte l'énergie du Tout Ce Qui Est à travers tes pieds et dans ton corps, et à travers tous tes chakras.

4. Monte jusqu'au chakra couronne, élève et projette ta conscience à travers les étoiles jusque dans l'univers.

5. Va au-delà de l'univers, à travers des couches de lumière, à travers la lumière dorée, traverse la substance gélatineuse, qui représente les lois, jusque dans une lumière blanche étincelante comme une perle, le septième plan d'existence.

6. Passe la commande ou demande : « Créateur de Tout Ce Qui Est, il est commandé ou demandé d'être témoin d'une lecture pour [énonce le nom de la personne]. Merci ! C'est fait. C'est fait. C'est fait. »

7. Descends dans l'espace du client.

8. Imagine-toi aller dans le corps et y allumer une lumière.

9. Si une partie du corps ne s'allume pas, il peut avoir un problème dans cette zone.

10. À la fin, rince-toi avec l'énergie du septième plan d'existence et restes-y connecté.

La prochaine étape dans la lecture est la guérison.

GUÉRISON

Le « Créateur de Tout Ce Qui Est » est le guérisseur et tu es juste le témoin. La guérison est simple :

1. Centre-toi.

2. Commence par envoyer ta conscience dans le centre de la Terre Mère, dans l'énergie du Tout Ce Qui Est.

3. Remonte l'énergie du Tout Ce Qui Est à travers tes pieds et dans ton corps, et à travers tous tes chakras.

4. Monte jusqu'au chakra couronne, élève et projette ta conscience à travers les étoiles jusque dans l'univers.

5. Va au-delà de l'univers, à travers des couches de lumière, à travers la lumière dorée, traverse la substance gélatineuse, qui représente les lois, jusque dans une lumière blanche étincelante comme une perle, le septième plan d'existence.

6. Passe la commande ou demande : « Créateur de Tout Ce Qui Est, il est commandé ou demandé d'être témoin d'une guérison pour [énonce le nom de la personne]. Merci ! C'est fait. C'est fait. C'est fait. »

7. Descends dans l'espace de la personne et sois témoin du Créateur en train de guérir la personne.

8. Reste dans la partie du corps qui pose problème jusqu'à ce que l'énergie de la guérison ait terminé.

9. À la fin, rince-toi avec l'énergie du septième plan d'existence et restes-y connecté.

Afin qu'une guérison puisse avoir lieu, celui qui la reçoit doit vouloir se rétablir et le guérisseur *doit croire* qu'une guérison est possible. Si la personne ne veut pas être guérie, ou ne pense pas qu'elle puisse l'être, on peut utiliser une technique différente pour changer les croyances.

—

Le travail sur les croyances nous donne
la possibilité de supprimer et de remplacer
les programmes négatifs par des programmes
positifs et bénéfiques depuis la perspective
du Créateur de Tout Ce Qui Est

—

LE TRAVAIL SUR LES CROYANCES

Le travail sur les croyances est au cœur du ThetaHealing. C'est un moyen de changer les croyances limitantes qui sont devenues des programmes dans le subconscient, avant de creuser pour trouver la croyance de fond, ou clé.

Programmes et niveaux de croyance

Quand une croyance a été acceptée comme « réelle » par le corps, l'esprit, ou l'âme, cela devient un programme. Ces programmes peuvent être à notre avantage ou à notre détriment – selon ce qu'ils sont et selon la façon dont nous y réagissons. Le ThetaHealing enseigne qu'il y a quatre niveaux sur lesquels les programmes sont maintenus (base, génétique, histoire et âme), que vous pouvez utiliser comme guides pour supprimer et remplacer les programmes dans vos sessions de travail sur les croyances.

Croyances de base

Les croyances de base sont ce qu'on nous a enseigné dans cette vie et que nous avons accepté dès l'enfance. Ces croyances font maintenant partie de nous et sont considérées comme de l'énergie dans le lobe frontal du cerveau.

Croyances génétiques

Dans ce niveau, les croyances sont héritées de nos ancêtres ou sont ajoutées à nos gènes dans cette vie. Ces croyances sont des énergies stockées dans le champ morphogénétique autour de notre ADN physique. C'est ce champ de connaissances qui indique aux mécanismes de l'ADN ce qu'il faut faire.

Croyances historiques

Ce niveau concerne les souvenirs des vies passées, les mémoires génétiques profondes ou les expériences de conscience collective que nous portons dans le présent. Ces mémoires sont conservées dans notre champ aurique.

Croyances de l'âme

Ce niveau symbolise tout ce qu'une personne « est ». Ce sont les plus profonds et les plus ancrés de tous les programmes et ils sont retirés de l'intégralité de l'individu, à commencer par le chakra du cœur et vers l'extérieur.

Servez-vous de ces quatre niveaux de croyance comme guide pour éliminer et remplacer les programmes dans vos séances de travail sur les croyances.

Comme nous l'avons décrit au chapitre 1, nous pouvons utiliser le test musculaire pour trouver les croyances sur les quatre niveaux (voir le chapitre 2 pour apprendre la méthode et les processus corrects de test musculaire). Le test musculaire est un processus direct que vous pouvez utiliser afin de vérifier par « oui » ou « non » si une certaine croyance est présente.

PROCESSUS POUR CHANGER UNE CROYANCE

La procédure suivante n'est qu'un exemple. Le processus complet pour libérer des croyances des quatre niveaux de croyance est expliqué dans le livre *ThetaHealing* :

1. Centre-toi.

2. Commence par envoyer ta conscience dans le centre de la Terre Mère, dans l'énergie du Tout Ce Qui Est.

3. Remonte l'énergie du Tout Ce Qui Est à travers tes pieds et dans ton corps, et à travers tous tes chakras.

4. Monte jusqu'au chakra couronne, élève et projette ta conscience à travers les étoiles jusque dans l'univers.

5. Va au-delà de l'univers, à travers des couches de lumière, à travers la lumière dorée, traverse la substance gélatineuse, qui représente les lois, jusque dans une lumière blanche étincelante comme une perle, le septième plan d'existence.

6. Passe la commande ou demande : « Créateur de Tout Ce Qui Est, il est commandé ou demandé que le programme [énonce le programme] soit retiré sur tous les quatre niveaux, annulé, résolu sur le niveau historique, et envoyé dans la lumière du Créateur pour [énonce le nom de la personne], et remplacé par [ce que le Créateur te dit]. Merci ! C'est fait. C'est fait. C'est fait. »

7. Sois témoin que la croyance et l'énergie associée [quelle que soit la croyance] soient retirées, annulées, résolues au niveau historique, envoyées à la lumière de Dieu et remplacées par le nouveau programme du Créateur [quoi que Dieu te dise].

8. À la fin, rince-toi avec l'énergie du septième plan d'existence et restes-y connecté

APPROFONDIR

Creuser est un test énergétique pour trouver la croyance clé qui a toutes les autres croyances empilées sur elle. Lors d'une séance individuelle, le praticien est l'investigateur. Il teste musculairement le client pour trouver des indices qui mènent à ses croyances clés.

Tu peux trouver utile de visualiser le **système de croyances** comme une tour de blocs. Le bloc du bas est la clé, ou la croyance de fond, qui renferme le reste des croyances ; la racine de tous les autres programmes qui se trouvent au-dessus de lui. Demande toujours au Créateur : « Quelle est la croyance clé qui maintient ce système de croyances intact ? » En cherchant les croyances clés, tu peux gagner des heures.

Dès que tu as trouvé la croyance ou le programme clé, demande ou trouve les programmes de remplacement appropriés à installer dans le vide laissé par les programmes supprimés ou retirés. Ensuite, demande-toi ou demande à ton client ce qu'il a appris en remplaçant le programme et pourquoi il était là au départ. Comprendre pourquoi nous avions un programme qui n'était pas à notre avantage nous aidera à éviter de recréer la même énergie.

Il est toujours préférable de trouver, retirer et remplacer la croyance clé avant la fin de la séance. De plus, assure-toi d'inclure le travail sur les sentiments dans ta session de travail sur les croyances, car, dans la plupart des cas, télécharger des sentiments accélérera le processus pour trouver le programme le plus profond.

Déterminer la croyance clé

Lorsque tu effectues un travail sur les croyances sur toi-même ou un client, pose la question : « Si tu pouvais changer quelque chose, ça serait quoi ? » Ensuite, continue à poser des questions sur le sujet jusqu'à ce que tu aies atteint le sujet en question ou quelque chose de plus profond. Lorsque tu travailles avec des clients, tu sauras quand tu es proche de la croyance clé si la personne devient verbalement sur la défensive, s'agite sur sa chaise ou pleure dans une tentative subconsciente de s'accrocher au programme. Retire, annule, résous et remplace les problèmes si nécessaire, quel que soit le niveau de croyance que tu as trouvé.

Les questions clés à poser sont :

- Qui ?

- Quoi ?

- Où ?

- Pourquoi ?

- Comment ?

Lorsque tu travailles avec des clients, évite de mettre tes propres programmes ou sentiments dans le processus d'approfondissement. Pour cette raison, reste toujours profondément connecté à la perspective du Créateur du septième plan lorsque tu te trouves dans l'« espace » d'une autre personne avec tes capacités intuitives. Tu obtiendras ainsi une « lecture » claire de la personne. Dans certains cas, le client te fera faire des détours, te dissimulera ou te fera tourner en rond avec le scénario question/réponse. Sois patient et persévérant pour trouver le programme le plus profond. Il peut être nécessaire de demander au Créateur : « Quel est le programme le plus profond ? »

Si le client commence à se sentir mal pendant le travail de croyance, continue à libérer les croyances jusqu'à ce qu'elles disparaissent. Avec l'autorisation de la personne, télécharge le sentiment de ce que l'on ressent lorsque l'on est en sécurité du point de vue du Créateur. Continue la séance jusqu'à ce que la personne soit à l'aise et ait un comportement paisible. Dans la plupart des cas, la technique d'approfondissement doit précéder le téléchargement de sentiments ou la libération de programmes. La première chose à comprendre est de savoir quelle connexion neuronale il faut changer.

Pourquoi approfondir pour trouver les croyances

Approfondir nous amène à la réalisation de ce qui doit être changé. Une fois que tu as modifié les synapses, tu dois t'assurer que tu modifies également les croyances associées qui pourraient interférer avec le nouveau concept. N'oublie pas que les niveaux historique et génétique peuvent également bloquer la modification d'une croyance. Creuser ne signifie pas demander au Créateur ce qu'il faut changer et rien de plus ; cela implique une exploration de soi ou une discussion, puisque le simple fait de parler du sujet va, en effet, amener les programmes à la lumière de la conscience pour qu'ils puissent être libérés spontanément. Par exemple, si tu télécharges le sentiment et la connaissance de « vivre dans la joie », les cellules réceptrices du corps ouvriront les portes de la joie – et, si tu travailles avec un client, il devrait agir différemment à partir de ce moment.

—

L'essentiel, en creusant, est de ne pas trop se concentrer sur l'idée que le cerveau est reprogrammé, parce que le subconscient peut tenter de remplacer le nouveau programme par l'ancien.

—

Lorsque tu rencontres un nouveau programme, demande simplement au Créateur s'il faut le libérer, le remplacer ou en supprimer certains aspects. Nous allons explorer les méthodes et les processus d'approfondissement plus en détail dans les chapitres suivants, mais ne remplace jamais les programmes sans avoir fait preuve de discernement. Ce qui peut sembler à première vue être un programme négatif peut en fait être bénéfique et ne doit pas être libéré au hasard.

Ce processus est simple ! Tout ce que tu dois faire est d'utiliser les questions clés : *Qui ? Quoi ? Où ? Pourquoi ? Comment ?* L'esprit va commencer à creuser et accéder à des informations comme un ordinateur, et te donnera une réponse à chaque question. Rappelle-toi, si un de tes clients ou toi-même êtes coincés et que vous ne trouvez pas la réponse, ce n'est que temporaire. Change la question pourquoi en comment, etc., jusqu'à ce que la réponse vienne. S'il n'y a pas de réponse, pose la question : « Si tu connaissais la réponse, qu'est-ce que ça serait ? »

Avec un peu de pratique, tu apprendras comment accéder à la capacité de l'esprit à trouver des réponses. À tout moment du processus de travail sur les croyances, sois ouvert à l'intervention divine et au fait que le Créateur te donne la croyance clé. N'oublie pas que toutes les croyances clés ont généralement un aspect positif, alors assure-toi de découvrir à quoi elles ont servi et ce que tu en as tiré. Avec des croyances telles que « Si je suis en surpoids, mes sentiments sont en sécurité » ou « Si je suis en surpoids, mes sentiments les plus profonds resteront cachés », c'est l'esprit qui fait de son mieux pour nous protéger de la douleur.

TRAVAIL SUR LES SENTIMENTS

En raison d'un traumatisme dans l'enfance ou plus tard dans la vie, certaines personnes ne ressentent plus (ou ont perdu la capacité de ressentir) l'énergie de certains sentiments. Pour éprouver des sentiments tels que la joie, l'amour ou le fait d'être aimé, ou ce que l'on *ressent* lorsque l'on est riche, ou tout autre sentiment inconnu, nous devons pouvoir ressentir ces sentiments à travers la perspective du Créateur. C'est aussi la raison pour laquelle certaines manifestations ne se matérialisent pas – parce que pour manifester ce que nous voulons, une âme sœur, la richesse, etc., nous devons d'abord faire l'expérience de ce que l'on *ressent en ayant* ces choses. En d'autres termes, nous devons croire que ces possibilités existent dans l'univers pour qu'elles puissent se manifester dans notre vie.

Comme je l'ai expliqué dans *ThetaHealing*, pour télécharger un sentiment à quelqu'un d'autre, il faut :

1. Demander une autorisation verbale pour le téléchargement.

2. Commander ou demander au Créateur de Tout Ce Qui Est de télécharger le sentiment du septième plan d'existence.

En ThetaHealing, tu peux aussi être ton propre praticien et faire ton propre travail sur les sentiments en faisant appel au Créateur et en permettant au téléchargement des sentiments de circuler dans chaque cellule de ton corps et à travers les quatre niveaux de croyance. Une fois que tu auras fait l'expérience de ce sentiment, tu seras prêt à créer des changements dans ta vie.

—

**J'ai vu beaucoup de vies changer
par un simple téléchargement de sentiment
depuis la perspective du Créateur.**

—

Ce qui pouvait prendre plusieurs vies à apprendre peut maintenant être appris en quelques secondes. Le Créateur de Tout ce qui Est peut nous enseigner ces sentiments à tous les niveaux, ainsi que supprimer les peurs irrationnelles.

Télécharger des sentiments

Lorsque cette perception de sentiment est téléchargée, elle crée une prise de conscience, une compréhension et un discernement, et ces sentiments peuvent avoir un effet considérable sur tes capacités intuitives et créer un bien-être physique.

PROCESSUS POUR LES SENTIMENTS

Utilise le processus suivant pour télécharger des sentiments.

1. Centre-toi.

2. Commence par envoyer ta conscience dans le centre de la Terre Mère, dans l'énergie du Tout Ce Qui Est.

3. Remonte l'énergie du Tout Ce Qui Est à travers tes pieds et dans ton corps, et à travers tous tes chakras.

4. Monte jusqu'au chakra couronne, élève et projette ta conscience à travers les étoiles jusque dans l'univers.

5. Va au-delà de l'univers, à travers des couches de lumière, à travers la lumière dorée, traverse la substance gélatineuse, qui représente les lois, jusque dans une lumière blanche étincelante comme une perle, le septième plan d'existence.

6. Passe la commande ou demande : « Créateur de Tout Ce Qui Est, il est commandé ou demandé de télécharger le sentiment de [nomme le sentiment] pour [nomme la personne] à travers toutes les cellules de son corps ; sur les quatre niveaux de croyance et dans tous les domaines de sa vie, pour son meilleur et son plus élevé. Merci ! C'est fait. C'est fait. C'est fait. »

7. Sois témoin du téléchargement du sentiment dans l'espace de la personne et visualise le sentiment du Créateur comme une cascade qui coule à travers toutes les cellules de son corps et sur les quatre niveaux de croyance (base, génétique, historique et âme).

8. À la fin, rince-toi avec l'énergie du septième plan d'existence et restes-y connecté.

Commandes pour télécharger des sentiments

Utilise les commandes suivantes pour télécharger des sentiments depuis le Créateur.

« Je comprends ce que l'on ressent de / à... »

« Je connais / je sais... »

« Je sais quand... »

« Je sais comment... »

« Je sais comment vivre ma vie quotidienne... »

« Je connais la perspective du Créateur de Tout Ce Qui Est... »

« Je sais qu'il est possible de... »

« Je suis... »

« Je fais... »

Exemples d'autres commandes :

- Enseigne la *définition de* [*insérer le sentiment à expérimenter*] à travers le « Créateur de Tout Ce Qui Est » du septième plan d'existence. Par exemple : « Je connais la *définition* de la *confiance* à travers le Créateur de Tout Ce Qui Est. »

- Enseigne *ce que l'on ressent lorsque l'on est* [*insérer le sentiment à expérimenter*]. Par exemple : « Je sais *comment ressentir la confiance à travers le Créateur de Tout Ce Qui Est* » ou « *Je sais ce que l'on ressent lorsque l'on a confiance.* »

- Enseigne *ce que l'on ressent lorsque l'on comprend comment* [*insérer le sentiment à expérimenter*] ou *comment être* [*insérer le sentiment à expérimenter*]. Par exemple : « Je sais *ce que l'on ressent quand on comprend comment faire confiance ou être digne de confiance.* »

- Enseigne *quand il faut* [*insérer le sentiment à expérimenter*]. Par exemple : « Je sais *quand faire confiance.* »

- Enseigne qu'il *est possible de* [*insérer le sentiment à expérimenter*]. Par exemple : « Je sais qu'il *est possible de faire confiance.* »

- Enseigne la *perspective* du Créateur de Tout Ce Qui Est et *comment* [*insérer le sentiment à expérimenter*]. Par exemple : « Je connais la *perspective* du Créateur de Tout Ce Qui Est de la confiance et je sais *comment faire confiance.* »

Chapitre 2

LE TEST MUSCULAIRE

Voici la méthode correcte pour effectuer le test musculaire. Je constate souvent que les étudiants ne suivent pas la procédure correcte pour le test musculaire, donc que tu sois praticien ou que tu ne travailles que sur toi-même, j'espère que la section suivante te sera utile.

HYDRATATION

Avant de procéder à un test énergétique, assure-toi que toi/le client êtes hydratés et que tu t'es zippé. À un moment donné, je pensais qu'on ne pouvait pas me faire de test énergétique, mais après avoir bu sept verres d'eau, j'ai pu tester les programmes. Le test énergétique ne fonctionne que si tu es complètement hydraté et les points clés suivants méritent d'être notés :

- La pression artérielle, les médicaments contre l'asthme et la caféine peuvent affecter l'hydratation, donc boire de l'eau avant une séance peut faire une grande différence dans la procédure du test musculaire. Pour une hydratation optimale, ajoute une pincée de sel à ton verre d'eau.

- Si, après avoir bu de l'eau, tu n'es toujours pas hydraté, place tes mains sur tes reins (situés dans le dos, sous la cage thoracique) pour activer l'hydratation du corps.

- Sinon, ma façon préférée de m'hydrater est d'aller vers Dieu et de demander à être hydraté pour un test d'énergie

MÉTHODES DE TEST MUSCULAIRE

Il existe deux méthodes de test musculaire, en fonction du fait que tu travailles seul ou avec des clients :

Méthode 1

Si tu es praticien, demande au client de tenir son pouce et un doigt bien serrés et de tester « oui » lorsque ses doigts sont bien serrés, et « non » lorsque ses doigts se libèrent naturellement de leur propre chef. Lorsque tu effectues un test musculaire avec cette méthode, tu dois bien observer et t'assurer que le client tient ses doigts bien serrés et les relâche de manière subconsciente en réponse aux déclarations qu'il fait.

Si tu tires sur les doigts du client pour vérifier s'il a répondu « oui » ou « non », il est important de tirer fermement, mais pas au point de le blesser. Saisis fermement le pouce et le doigt du client avec tes deux mains et tire avec une pression constante après que le client a déclaré sa croyance à haute voix. Assure-toi que le client répète chaque croyance que tu testes.

Méthode 2

Cette méthode de test énergétique convient pour travailler seul ou avec des clients.

Place-toi face au nord. Lorsque tu dis « oui », ton corps doit se pencher vers l'avant. Lorsque tu dis « non », ton corps doit se pencher vers l'arrière. Si tu ne bouges pas du tout, tu es probablement déshydraté (voir ci-dessus).

LES TESTS MUSCULAIRES NE DOIVENT PAS DÉFINIR LA SÉANCE

Bien que les tests musculaires soient un outil utile – que tu sois praticien ou que tu travailles seul –, il est préférable de laisser le Créateur guider la séance. Certains praticiens utilisent le test comme moyen de définir la séance, mais lors du travail sur les croyances, je ne teste l'énergie qu'au début et à la fin de la séance – et généralement seulement trois ou quatre fois. Au lieu de cela, je me laisse guider par le Créateur.

L'ÉNERGIE TESTE CE QUE NOUS CROYONS

Les tests énergétiques ne sont que ce que nous croyons être vrai, c'est pourquoi il n'est pas possible, par exemple, de déterminer avec précision les besoins en vitamines et en minéraux. Si nous avons besoin d'une vitamine, nous pencherons pour cette vitamine, car le corps va naturellement graviter vers les substances dont il pense avoir besoin. Ainsi, si tu as envie d'un gâteau au chocolat, cela peut indiquer que tu as besoin d'un complément de sélénium et de sérotonine.

Si tu as envie de biscuits ou de pâtisseries, tu as probablement besoin de potassium, alors tu devrais plutôt manger de la pastèque. De la même manière, les tests énergétiques ne sont pas une méthode définitive pour savoir ce dont une personne a besoin ou ce qui se passe.

La vérité est que si le corps ne sait pas ce qu'est un minéral ou une vitamine, il ne pourra pas en faire un test énergétique précis. Par exemple, tu peux aller dans un magasin d'aliments naturels pour faire un test énergétique pour des compléments, mais il est peu probable que le test énergétique soit positif pour le molybdène (un métal lourd utilisé pour créer des alliages dans l'acier). Cependant, le molybdène est utilisé à petites doses comme complément pour soulager l'organisme d'un déchet qui provoque une surabondance d'acétaldéhyde.

Une autre façon d'expliquer cela est de te raconter une petite anecdote personnelle. Comme mon corps ne décompose pas correctement le potassium, le test musculaire me répondrait toujours que j'en ai besoin. Cependant, je ne peux pas prendre de potassium comme complément, mais je dois en obtenir en mangeant les bons aliments – comme des bananes. C'est pourquoi il est facile d'obtenir un test musculaire positif pour cinquante combinaisons de plantes, mais les herbes fonctionnent mieux sous des formes simples – en utilisant seulement une ou deux herbes à la fois. (Je suis également d'avis que les herbes ne devraient pas être utilisées en permanence, et que l'utilisation ne devrait se faire que durant quelques mois.) En outre, le rapport client-praticien peut également avoir une incidence sur la précision des tests énergétiques. Pour illustrer mon propos, j'avais l'habitude de mettre de la térébenthine dans une tasse et de demander à un de mes élèves de la tenir. Ensuite, je leur faisais passer un test énergétique pour voir s'ils en avaient besoin et, comme ils me faisaient confiance, ils répondaient « oui ». C'est pourquoi tu devrais t'habituer à monter et à demander à Dieu ce dont tu as besoin. Et, dans le cas des compléments et autres remèdes, il est de ta responsabilité de t'assurer qu'ils n'ont pas d'interactions avec les autres médicaments que tu prends.

ÉVITER LE PROBLÈME

Lorsque tu travailles avec des clients, demande-leur de serrer leurs doigts l'un contre l'autre pour tester la réponse. Veille toutefois à ne pas tirer sur leurs doigts trop fermement ou trop doucement, car cela peut également modifier leur réponse.

Il faut également savoir que certaines personnes vont tenter d'éviter le problème en influençant les tests énergétiques – en particulier si le sujet est sensible. Observe donc attentivement le client pour t'aider à contourner le problème en influençant les tests énergétiques – en particulier si le sujet est sensible à ces tests. Observe donc attentivement le client pour t'assurer qu'il n'essaie pas d'ouvrir ou de fermer les doigts exprès pour tenter de manipuler la procédure. Si cela se produit, informe gentiment le client qu'il essaie de changer le résultat du travail sur les croyances et fais-lui effectuer un nouveau test énergétique. Dis au client de tenir ses doigts bien serrés pendant que tu testes la réponse.

MOUVEMENT OCULAIRE RAPIDE

Lorsque tu travailles avec des clients, garde les yeux détendus et laisse-les bouger naturellement comme si tu étais en train de rêver. Il n'est pas nécessaire d'avoir des mouvements oculaires rapides, avec les yeux qui se révulsent, pour se mettre en état de Thêta ou pour changer les croyances de quelqu'un – et cela peut mettre les clients mal à l'aise.

LES YEUX OUVERTS, LES YEUX FERMÉS

Certains clients testent l'énergie différemment lorsqu'ils ont les yeux ouverts en raison des différentes fonctions du cerveau. Lorsque les yeux sont fermés, la personne est plus détendue et connectée à son subconscient. Lorsque les yeux sont ouverts, la personne est en mode combat. Tu peux toujours télécharger le client avec les yeux ouverts, mais demande-lui de fermer les yeux avant de faire le test musculaire d'une croyance. Pour déterminer si tu as effacé la croyance ou le programme clé, teste musculairement le client avec les yeux fermés. Continue ensuite à demander au Créateur la croyance clé et supprime le programme, puis teste à nouveau le client avec les yeux ouverts et fermés.

Quelle que soit la méthode de test énergétique que tu utilises, tu ne peux tester correctement l'énergie qu'avec les yeux fermés.

BULLE D'ÉNERGIE : CASSER LE CHAMP ÉLECTROMAGNÉTIQUE

Il est utile de comprendre que nous sommes très sensibles à la « bulle d'énergie » ou au « champ aurique » de notre corps. Nous avons chacun une bulle électromagnétique autour de nous et pouvons ressentir si quelqu'un vient briser notre champ. Ainsi, lorsque tu travailles avec des clients, fais attention à ce que les mouvements de ton corps n'interfèrent pas avec le champ électromagnétique du client en « coupant » la partie centrale de leur corps – car cela peut avoir un effet sur la séance de travail sur les croyances. C'est également la raison pour laquelle il est préférable de s'asseoir de manière décalée ou directement devant un client, car cela permet de ne pas interférer avec le champ de l'aura lors des tests énergétiques. Tu dois également « zipper » le champ aurique du client avec ta main, dans un mouvement fluide de haut en bas devant lui, pour réparer toute ouverture dans son espace.

DES PROGRAMMES EXPRIMÉS À HAUTE VOIX

Que tu travailles seul ou avec des clients, tu ne peux pas faire un test d'énergétique correctement sans dire à haute voix chaque programme de croyance sous forme de déclaration verbale. De la même manière, tu ne peux pas tester l'énergie en pensant simplement à une croyance, car elle ne donnera pas les bonnes réponses. Si toi ou le client ne répétez pas chaque croyance à haute voix, le test d'énergie sera nul.

Chapitre 3

TRAVAIL SUR LES CROYANCES ET APPROFONDISSEMENT : PASSÉ, PRÉSENT ET FUTUR

Lorsque tu vas voir ton ami et que tu lui dis : « Allons au cinéma ! », cela signifie que tu te projettes dans votre avenir. Lorsque ton ami te dit : « J'ai besoin d'une minute et demie ». Qu'est-ce que cela signifie ? Pense à l'expression « une minute et demie ».

Cette expression simple et quotidienne signifie que ton ami est dans le présent et qu'il se projette dans l'avenir en même temps. Cela signifie que, dans tout ce que nous faisons et disons, ce qui fait de nous ce que nous sommes – notre passé, notre présent et notre avenir – est l'illusion du temps qui passe. Nos cerveaux sont câblés pour accepter la réalité de cette façon.

Des gens viennent dans ma classe et disent : « Vianna, je ne vis que dans le présent, je n'ai pas à me souvenir du passé ». Mais en réalité, tout ce que nous faisons concerne nos expériences passées et notre histoire. Le monde entier est basé sur l'histoire du passé. Nous apprenons de ce que nous avons fait, de ce que nos parents ont fait, ce que les autres ont fait avant nous, et comment ces actions continuent à nous affecter dans le présent et donc à créer l'avenir.

Lorsque les gens disent : « Je vis dans le présent, pas dans le passé ou l'avenir », ma réponse est la suivante : « Il n'y a pas de véritable vie dans le présent, parce qu'au moment où vous réalisez le « présent », il est devenu le passé. La seule façon de vivre dans le présent est de savoir ce qu'est le passé et que tu es ce qui est créé dans l'avenir. Si tu veux être un bon intuitif et un bon guérisseur, tu dois pouvoir créer ton avenir. Recréer l'avenir est la raison pour laquelle certains d'entre nous sont ici.

Je pense que certaines personnes lisent des livres étonnants et suivent des cours qui les incitent à se concentrer sur leur situation dans leur vie. Ces réflexions leur disent de profiter de chaque souffle, de chaque seconde, et de célébrer le moment présent. Mais cela ne signifie pas qu'il faille perdre de vue le paiement de tes factures à venir ou oublier que tu es le fruit de tes actions et de tes expériences passées.

Dans le processus de travail sur les croyances, nous faisons l'expérience de nombreux types de systèmes de croyances qui ont été créés dans le passé. Nous découvrons qu'une grande partie des raisons pour lesquelles nous faisons ce que nous faisons est due à notre passé ; ce sont des comportements qui formaient des programmes subconscients quand nous étions enfants. En découvrant ces croyances, nous pouvons changer certains comportements et habitudes à l'âge adulte pour notre futur moi.

L'ordinateur le plus intelligent que nous connaissions est le cerveau humain. Dès la première inspiration que tu prends, dans ce formidable système de maintien de la vie qu'est le corps humain, ton cerveau commence à enregistrer tout ce qui t'arrive. Ton subconscient dirige environ 90 % de ta vie et, avec le temps, il analyse les choses, en tire des enseignements et les intègre dans un modèle de comportement. Le subconscient ne classe pas les comportements comme « mauvais » ou « bons », mais comme des expériences, des apprentissages.

—

En ThetaHealing, tu ne peux pas te connecter et demander que tous tes comportements négatifs ou mauvais disparaissent. Le cerveau ne fonctionne pas de cette façon.

—

Par exemple, si ta mère te battait quand tu étais enfant en te disant « je t'aime », le cerveau estime qu'« amour » peut être associé à la douleur et au stress. Par conséquent, un programme peut se former, disant qu'il est dangereux de tomber amoureux, de recevoir de l'amour ou de se dire « je t'aime ». C'est une des façons dont le subconscient incroyablement intelligent crée ces comportements.

En ThetaHealing, nous n'utilisons pas le travail sur les croyances pour nous débarrasser de nos souvenirs passés, mais pour nous aider à en prendre conscience, afin de pouvoir les résoudre. Nos souvenirs font de nous ce que nous sommes, et chaque expérience de vie compte. La recherche de croyances nous offre un moyen de développer une conscience du passé, du présent et de l'avenir.

COMPRENDRE LE PASSÉ

Nos croyances au niveau génétique se forment avant notre naissance. L'ADN de notre corps provient de nos ancêtres et des croyances qu'ils portaient – des croyances qui les ont aidés dans leur vie. Les décisions prises par nos ancêtres, à leur époque, peuvent ensuite affecter leurs descendants dans le futur. Ces croyances peuvent avoir été transmises par leur ADN et peuvent affecter l'ensemble de l'être du descendant.

Nos ancêtres envoient toutes sortes d'informations génétiques, et la meilleure façon de les trier est de se fier au cadeau du ciel qu'est le travail sur les croyances. Avec le travail sur les croyances, nous pouvons travailler, au niveau génétique, **sept générations en avant et sept générations en arrière**. Ce qui est important, c'est de faire ressortir les bonnes choses que nos ancêtres nous ont données et de les magnifier.

Au fil des siècles, les croyances s'accumulent au niveau génétique de notre ADN. Cette accumulation de croyances peut nous affecter aujourd'hui, car le passé n'est pas seulement notre passé, le présent n'est pas seulement notre présent, et le futur n'est pas seulement notre futur. Nous sommes liés à nos ancêtres dans le passé, à nos enfants et à nos parents dans le présent, et à nos descendants dans le futur d'une manière que beaucoup de gens ne comprennent pas entièrement.

—

Il y a une interconnexion de toutes choses et cela inclut notre compréhension limitée du temps en ce qui concerne notre ADN.

—

Nous tirons les leçons de nos erreurs du passé. Mais de nombreux systèmes de croyances intégrés à notre ADN nous servent en réalité. Par exemple, nos ancêtres ont appris comment survivre, sinon nous ne serions pas là. Parmi les nombreuses compétences transmises par nos ancêtres avec lesquelles nous sommes naturellement nés, il y a le désir naturel d'aider nos semblables. Aider les autres est une bonne stratégie de survie dans une société tribale où les gens devaient travailler ensemble pour prospérer. C'est particulièrement vrai si tu es un guérisseur, quel qu'il soit ; tu as appris que tu as un désir intérieur d'aider les gens et tu as probablement cette tendance génétique.

Demande-toi quelles sont les croyances que tu as emmenées et qui t'affectent au niveau **de base**, de **la génétique**, de **l'historique** et de **l'âme**. Nous pouvons répondre à cette question en faisant un travail d'approfondissement au niveau historique.

Nous croyons que nous créons notre propre réalité.
Donc, dans ta propre réalité, demande-toi :

• Que crées-tu dans ta vie en ce moment ?

• Pourquoi vis-tu dans ta situation actuelle ?

• Es-tu dans une bonne situation et es-tu vraiment heureux ?

• Te lèves-tu tous les jours pour dire : « Je suis heureux d'être en vie » ?

• Est-ce que tu continues ce bonheur tout au long de la journée, ou est-ce que tu as des moments de critique absolue de toi-même et de ceux qui t'entourent ?

• T'arrive-t-il d'avoir des hauts et des bas émotionnels tout au long de la journée – ou au moins trois fois par jour ? Si oui, tes hauts et tes bas émotionnels forment-ils un schéma répétitif et sont-ils complètement différents chaque jour ?

• Es-tu en colère contre toi-même ou contre les autres ?

• Es-tu déçu que ta famille n'est pas celle que tu souhaites ?

• Es-tu contrarié qu'un ami ou quelqu'un d'autre t'ait fait du mal ?

La façon dont tu réponds à ces questions peut avoir un rapport avec tes programmes génétiques et est liée à des générations de nos ancêtres ayant les mêmes caractéristiques. De nombreuses personnes sont issues de familles qui inculquent les mêmes systèmes de croyances que ceux qui ont été enseignés depuis des générations. La modification de ces anciens schémas survient lorsque l'essence de ton âme reconnaît la nécessité de changer tes croyances.

PRENDRE CONSCIENCE DES PROGRAMMES DU PASSÉ

Lorsque je parle à mes ThetaHealers qui ont travaillé sur leurs croyances pendant très longtemps, ils sont souvent absolument convaincus d'avoir éliminé toutes les croyances négatives – ce qui est vrai, car notre cerveau ne pense pas que tout est négatif. Ils pensent avoir fait tout le travail sur les croyances nécessaires et ne comprennent donc pas pourquoi la vie ne se déroule toujours pas comme ils le voudraient. Ils me disent : « J'ai fait tout mon travail sur les croyances. Je ne sais pas ce que je fais de mal. »

Ce qu'ils oublient, cependant, c'est qu'ils ont travaillé sur leur présent et leur avenir, mais pas sur leur passé. Leur passé ne les concerne pas seulement, il est également affecté par les croyances de leurs ancêtres.

Tu peux avoir la croyance que tu as peur de faire confiance à quelqu'un ou que la vie est remplie de tristesse, ou encore que tu es toujours prêt à te battre. Pourquoi as-tu ces croyances ? Qu'est-ce qui les renferme en toi et pourquoi as-tu tendance à les avoir ?

Travail sur les croyances
Exemple 1

Client : « Je dois toujours me battre pour tout. »

Vianna: *« Quand cela a-t-il commencé ? Quand était-ce la première fois que tu as eu ce sentiment de toujours devoir te battre ? »*

(Ce client était comme beaucoup d'autres quand j'ai posé cette question : il est retourné dans le passé pendant une minute avant de parler.)

Client : « Oh, je ne m'en souviens pas, ça a toujours été comme cela. »

Vianna : *« Si tu t'en souvenais, quand cela aurait-il commencé ? »*

Client : « Ça a commencé quand j'avais deux ans. Je me souviens de mon frère qui venait me taper, et si je m'étais laissé faire sans me défendre, j'aurais eu de gros problèmes – physiques, mentaux, et émotionnels. J'ai donc appris à me battre ».

Vianna : *« C'est vraiment là que ça a commencé ? »*

Client : « Oui, je pense que oui ».

Vianna : *« Qu'as-tu appris de tout cela et qu'as-tu obtenu ? »*

(Tout cela vient du passé, lorsque le client était enfant, même si parfois les gens vont plus loin que les expériences de l'enfance).

Client : « J'ai appris que je devais me battre pour ce en quoi je croyais. »

Vianna : *« Où as-tu appris cela ? »*

Client : « Je ne sais pas, je me souviens juste de m'être toujours battu ».

Vianna : *« Quel genre de souvenirs en gardes-tu ? »*

Client : « Mon grand-père a combattu pendant la guerre civile du côté de l'Union. Ma grand-mère était du côté des confédérés, il n'y a donc jamais eu de paix entre eux. »

Si tu commences à poser ce genre de questions encore et encore, les gens vont se replonger dans le passé pour retrouver les croyances de leurs ancêtres. Nous pouvons aussi trouver des réponses qui sont beaucoup plus profondes que ces temps et lieu, et elles peuvent aider à comprendre notre propre génétique. Si tu ne sais pas quel est ton mélange d'ADN, tu peux faire un test ADN pour savoir quel est le pourcentage de tes origines européennes, asiatiques, africaines et amérindiennes. Une fois que tu as cette information, tu peux l'utiliser pour t'aider à débloquer tes croyances ancestrales.

Une autre façon de nous aider à approfondir l'histoire est d'effectuer **une méditation avec les cristaux**, qui peut nous aider à découvrir où ces différents schémas ont commencé. Tu n'as pas besoin de te rappeler où et comment le modèle a commencé pour comprendre qu'il vient de tes ancêtres. Tu peux ensuite demander : « Cette croyance me sert-elle maintenant ? » Tu découvriras peut-être que ce n'est pas le cas.

PRÉJUGÉ ANCESTRAL

S'il y a quelque chose qui ne nous sert pas sur cette Terre, ce sont les préjugés. Mais nous pouvons porter des préjugés ancestraux qui remontent à des centaines, voire des milliers d'années, et qui ne nous sont plus utiles dans la vie moderne. Or, ces préjugés sont souvent si profondément enfouis dans l'inconscient qu'ils se situent au niveau génétique. Lorsque tu commences à creuser, tu vois comment le passé, le présent et le futur sont interconnectés. Et ce qu'il faut apprendre, c'est la compassion, la bienveillance et la capacité à communiquer ; ce sont ces choses qui aideront la planète dans le présent et dans le futur.

Pour identifier les préjugés ancestraux, tu peux commencer par te demander : « Que se passerait-il si tu n'avais pas de préjugés » ? Il est probable que le client réponde en disant : « Ces gens deviendraient supérieurs. » En réponse, tu pourrais dire : « Est-ce ton sentiment ou est-ce qu'il vient d'autre chose ? » Puis teste musculairement pour les programmes suivants :

« J'ai des préjugés contre cette race ».

« J'ai peur d'être dominé par cette race. »

« J'ai peur que cette race me détruise. »

Si le test énergétique est positif pour ces programmes ou des programmes similaires, ils proviennent probablement du passé et peuvent être modifiés.

LES YEUX : UNE FENÊTRE SUR LES CROYANCES GÉNÉTIQUES

De nombreux problèmes liés aux yeux peuvent également être de **vieilles croyances génétiques** que tu portes inconsciemment. Les yeux sont les fenêtres de l'âme ; si tu commences à libérer toutes les croyances qui y sont liées, ta vue peut aussi s'améliorer. Voici quelques croyances qui peuvent être associées aux yeux. Teste musculairement ces programmes à haute voix avec les yeux fermés :

« Je ne vois les choses que de la manière dont je veux les voir. »

« Les gens me mentent. »

« Je me sens désespéré. »

« Je me sens sans amour. »

« Personne ne me connaît vraiment. »

« Personne ne peut vraiment me voir. »

« Je suis invisible ».

« Je suis mes erreurs passées. »

« La vengeance me consume. »

« J'ai peur de l'avenir. »

« J'ai peur du présent. »

« Je respecte et je vois l'espace des autres ».

« Les autres me respectent et me voient. »

« Je me sens violé par ceux qui m'entourent. »

Si le test énergétique donne une réponse positive pour ces programmes, tu auras peut-être besoin d'un travail sur les croyances. Que tu travailles sur toi-même ou avec un praticien, pose les questions suivantes pour comprendre comment et quand le problème a commencé :

• Quand cette croyance a-t-elle commencé ?

• A-t-elle commencé récemment ?

- A-t-elle commencé dans ton enfance ?

- A-t-elle commencé par tes expériences personnelles ou s'agit-il simplement d'un fait ?

Si c'est un fait en rapport avec la personne, c'est probablement génétique, et ses ancêtres ont probablement eu affaire à de nombreuses personnes malhonnêtes. Par exemple, si quelqu'un croit que « les gens me mentent », tu devrais lui demander : « Quand as-tu cru pour la première fois que les gens te mentaient ? »

La réponse peut être : « J'ai eu l'impression que l'on m'a menti à l'âge de huit ans. »

Lorsque le client comprend qu'on lui a menti dans son enfance, il sait pourquoi il ne fait confiance à personne. Les gens comprennent qu'ils continuent à attirer vers eux des personnes qui leur mentent parce que c'est quelque chose qu'ils ont appris. L'étape suivante consiste à leur apprendre ce que c'est que d'être respecté.

Si le client dit : « Les gens me mentent toujours, c'est toujours ce que font les gens », alors tu sais que c'est une vieille croyance génétique. Certains des ancêtres du client ne savaient pas ce que c'était que d'être complètement respecté. Il est peut-être vrai qu'on leur a menti, mais s'ils croient que *tout le monde* leur ment, alors ce sont justement les gens qu'ils attirent.

—

La Terre est remplie de toutes sortes de gens extraordinaires, mais si tu crois qu'ils vont te décevoir, ils viendront à toi comme un aimant.

—

Tu peux alors demander : « Est-il nécessaire de libérer cette croyance pour aller de l'avant ? » Et ensuite, teste les croyances suivantes :

« Je peux discerner les gens avant qu'ils ne me mentent. »

« Je peux éviter les gens qui me trompent. »

Si ces programmes donnent « oui », alors le client apprend à éviter les personnes malhonnêtes. S'ils donnent « non », alors réapprends aux cellules du client ce que c'est que de continuer cette leçon avec le bon téléchargement.

Comme je l'ai décrit au chapitre 1 (*voir page 22*), les téléchargements sont un moyen de transmettre des sentiments par l'intermédiaire du Créateur et peuvent enseigner au corps et à l'esprit différentes façons de penser et de faire les choses, ainsi que faciliter le travail sur les croyances. Il est possible de télécharger un très grand nombre de sentiments et de se sentir mieux dans la vie, mais tu devrais toujours comprendre *pourquoi* tu crées ta réalité actuelle.

Séance de travail sur les croyances 1 : passé, présent et futur

Lorsque nous commençons à faire un travail sur les croyances, nous pouvons faire des **tests musculaires** pour les comportements, les idées ou certains concepts sur lesquels le client aimerait travailler.

Votre première question devrait être : « Sur quoi aimerais-tu travailler ? »

Le client peut répondre : « J'aimerais travailler sur les raisons qui font que je n'ai jamais d'argent. »

C'est à ce moment que tu peux entrer en contact avec la partie informatique du cerveau du client en lui posant des questions à l'aide de « *Qui ? Quoi ? Où ? Pourquoi ? Comment ?* », comme l'illustre l'exemple suivant :

Vianna : « Pourquoi ne peux-tu pas gagner d'argent ? »

Client : *« Parce que l'argent est la racine du mal. »*

Le programme « L'argent est la racine du mal » a généralement été créé dans le passé. Chaque fois que tu entres en contact avec la partie subconsciente du cerveau, tu dois te demander : « Pourquoi ? Comment cela s'est-il produit ? Quoi ? Quand ? Où ? » De cette façon, tu montres au client comment retourner dans son passé et voir d'où viennent ces comportements.

Vianna : « Pourquoi crois-tu que l'argent est le diable ? »

Client : « *L'argent est le diable, car seules les personnes qui font des études ont de l'argent, et l'université est le diable.* »

(Ce qu'il dit, c'est que les gens qui vont à l'université ont de l'argent).

Vianna : « Qu'est-ce que cela signifie pour toi ? »

Client : « *Je n'étais pas assez intelligent pour aller à l'université, les gens qui vont à l'université ont un avantage sur moi et j'étais stupide, j'étais idiot.* »

Vianna : « Bien, où est-ce que ça a commencé ? »

(J'ai regardé le client retourner dans son esprit.)

Client : « *Ça a commencé quand j'étais petit. Ma mère m'a toujours dit que j'étais stupide.* »

Vianna : « Bien, pourquoi te sens-tu stupide ? »

(Il est retourné dans le passé.)

Client : « *Parce que j'étais une erreur, je n'aurais jamais dû naître.* »

Vianna : « Pourquoi n'aurais-tu jamais dû naître ? »

Client : « *Parce que je n'étais pas prévu. Je n'aurais jamais dû naître.* »

C'est là que se trouve la croyance clé « Je n'aurais jamais dû naître », et cela n'a rien à voir avec l'argent. Lorsque vous trouverez la croyance la plus profonde, faites-la entrer dans le temps présent

Vianna : « En quoi cela te sert-il maintenant ? »

Client : *« Eh bien, puisque je suis une erreur, je n'ai pas besoin d'essayer. J'étais une erreur, donc je n'ai pas de pression pour être plus que ça. »*

*(C'est là que **le bloc de croyances** du client est entré dans le présent.)*

Vianna : « Si tu changes cela, que se passera-t-il ? Si nous changeons cela et que tu vaux vraiment quelque chose, que se passera-t-il ? »

Client : *« Si je suis important et que quelque chose arrive et change ma vie, alors je dois être responsable et faire quelque chose de ma vie – mais j'ai peur de l'échec. »*

(C'est là que le client est allé dans le futur.)

Comme tu peux le voir, le travail sur les croyances vient du passé vers le présent et vers l'avenir. Si nous nous concentrions uniquement sur le « maintenant », le client ne serait pas ouvert au changement et à l'évolution.

Séance de travail sur les croyances 2 : Travail dans le futur

Manifester, de par sa nature même, est un moyen de projeter des changements ou de créer vers l'avenir. Comme il s'agit d'un travail sur les croyances, tu peux offrir au client une prise de conscience de ce qu'une manifestation signifiera pour lui à l'avenir.

> **Vianna** : « Si tu avais tout l'argent que tu as toujours voulu, que créerais-tu ? »

Le client réfléchit à cette question et se tourne vers l'avenir avec son esprit.

> **Client** : « *Je créerais un énorme centre de guérison à succès.* »

Mais lorsque le client commence à le créer dans son esprit, il commence à réfléchir à ce que signifie réellement le fait d'avoir un centre de guérison.

> **Client** : « *Si je créais un centre de guérison, je devrais y rester tout le temps. Je devrais y être tout le temps. Je n'aurais jamais de liberté. Je n'aurais jamais de temps pour moi.* »

Il s'agit d'un travail sur les croyances futures utilisant la manifestation, et l'exemple ci-dessus montre comment l'esprit conscient aide le subconscient à comprendre soudainement les conséquences de la manifestation et quels résultats sont possibles. Premièrement, le subconscient peut bloquer la manifestation, parce qu'il la perçoit comme une menace. Deuxièmement, le client peut avoir des peurs et des croyances limitantes sur lesquelles travailler. Troisièmement, il ne veut vraiment pas que la manifestation se produise.

—

Nous nous mettons dans certaines situations et circonstances qui protègent notre bien-être (à un certain niveau). En réalité, ces situations nous empêchent d'avancer vers l'avenir.

—

Si tu regardes la situation actuelle de ta vie et que tu es dans le moment *présent*, tu peux t'arrêter pour te demander : « Comment cette situation me sert-elle dans le moment présent ? » Tu peux alors trouver tous les différents bénéfices que tu en tires. Si tu te demandes : « Que se passerait-il si la situation changeait ? », tu peux prendre *conscience* et *surmonter toutes* les craintes concernant ce qui pourrait changer dans l'avenir.

Les craintes peuvent naître dans le passé, mais elles sont toujours dans l'avenir. Le subconscient commence à voyager dans l'avenir pour présumer de l'issue la plus probable. Il entame un scénario probable d'événements qu'il estime pouvoir se produire. L'esprit se met ensuite au travail, spécule sur l'avenir et réfléchit : *si cela arrive, alors cela arrivera, et si cela arrive, cela entraînera cela, et ainsi de suite.* En faisant cela, vous faites face à la peur et vous la traverserez ensuite.

PROGRAMMES DE CRITIQUE

En tant que ThetaHealers, nous devrions explorer les systèmes de croyance de tout ce que nous ressentons et mettons en œuvre dans notre existence quotidienne. Si tu remarques qu'en te levant le matin, tu t'énerves contre tes enfants parce qu'ils ne sont pas ce que tu veux qu'ils soient, tu as peut-être hérité d'une tendance génétique à la critique. Cependant, il convient de rappeler que la critique est également l'un de nos mécanismes naturels de survie, nécessaire pour un bon jugement – pour nous aider à rester en sécurité et à être prudents lorsque cela est nécessaire. En fait, la capacité de comparer les autres à notre propre moralité, à nos propres idéaux, et de pouvoir dire « Ce n'est pas ce que je veux être » n'est qu'une des nombreuses croyances étonnantes que nous avons apprises de nos ancêtres. Mais avec le temps, le fait d'être trop critique envers soi-même et envers les autres peut se développer, en plus de la simple capacité à juger ce que nous ne voulons pas être et devenir, et cela peut devenir l'un des sentiments les plus dégradants et négatifs ; il est capable de faire baisser notre énergie plus que toute autre chose et ne sert qu'à nous maintenir dans les limbes.

Un jugement approprié est donc utile dans certaines parties de notre vie – surtout si tu travailles comme critique de cinéma, alors tu voudras peut-être garder ce genre de jugement –, mais si tu es tout le temps en train de critiquer tes parents, ta famille, tes frères et sœurs, tes amis, et ainsi de suite, tu utilises d'énormes quantités d'énergie qui pourraient être utilisées pour guérir, créer ton monde et ta réalité. Si tu demandes à ton cerveau pourquoi tu en as besoin, ton cerveau pourrait te donner le message suivant : « Si je ne change pas, je n'ai pas à échouer, je n'ai pas à essayer, je n'ai rien à accomplir, je peux juste rester ici dans les limbes. »

—

L'une des principales croyances qui nous maintiennent figés dans le présent est la critique négative de nous-mêmes et des autres.

—

Certaines personnes envoient en fait un signal permettant à d'autres personnes de les critiquer en envoyant la forme de pensée : « Si je ne fais pas les choses bien, tout le monde va le remarquer. » Ne serait-il pas préférable de modifier ce comportement ?

Utilise les questions suivantes pour trouver la croyance clé :

- Quand cela a-t-il commencé ?

- En quoi cela t'aide-t-il ?

- Qu'est-ce que cela fait pour toi, à part te maintenir dans les limbes ?

- Est-ce que cela te maintient dans les limbes pour que tu puisses te reposer ?

- Est-ce que cela te maintient dans les limbes, pour ne pas avoir besoin d'essayer ?

- Est-ce que cela te fait te sentir bien ?

En tant que ThetaHealers, nous avons une façon particulière de percevoir la vie des autres. Si tu peux intuitivement voir dans la vie d'autres personnes, c'est que tu as appris à vivre sans les critiquer à ce moment-là. Lorsque tu regardes en elles, et que tu ne les juges pas ou ne les critiques pas, tu peux voir la véritable intention de leur cœur. Si nous pouvons voir l'intention du vrai cœur, nous changerons complètement nous-mêmes. Si nous pouvions changer complètement, que se passerait-il ? (C'est la future façon de poser une question).

Eh bien, si nous changeons complètement, nous changerions tellement que nous ne voudrions pas rester sur cette planète : nous évoluerions, nous deviendrions une forme de vie supérieure, et nous voudrions peut-être prendre notre famille avec nous. Nous deviendrions une essence spirituelle – une vibration spirituelle supérieure – et quitterions ce monde. Peut-être peux-tu maintenant voir comment même des comportements minuscules comme la critique peuvent nous ancrer dans des schémas qui nous rattachent à cette Terre, à cette existence.

Commérages, manipulations et ruptures

Les commérages, les manipulations et les ruptures sont autant de formes de jugement et de critique désobligeants à l'égard des autres qui peuvent nous empêcher d'évoluer. J'ai toujours pensé que les commérages prenaient la vérité et la déformaient un petit peu, mais c'est ce qu'on appelle en fait de la « manipulation ». La manipulation, c'est lorsqu'une personne a appris à déformer la vérité à son avantage et peut ainsi diviser les gens – en disant juste assez de vérité pour monter deux ou plusieurs personnes les unes contre les autres, cette personne va essayer de profiter de la situation. Les ragots courants sont tout ce qui peut blesser quelqu'un d'autre s'il les entend, tandis que les ragots malveillants sont des mensonges méchants et désagréables.

Ces actions – manipulation, rupture et commérage – occupent l'esprit et indiquent un manque de responsabilité et une incapacité à se réaliser dans la vie. Que se passe-t-il dans ta vie ? Es-tu perdu ? Tout est bloqué dans ta vie ? Es-tu incapable de manifester plus d'argent dont tu as absolument besoin ? Comment ton esprit travaille-t-il pour toi ?

N'oublie pas que ton esprit travaille toujours pour toi. Il essaie toujours de t'aider. En ThetaHealing, nous n'enseignons pas seulement *pourquoi* tu fais ce que tu fais, mais aussi à avoir de la compassion envers toi-même afin que tu comprennes que ton esprit n'est pas malveillant ; il n'essaie pas de te saboter, il essaie de t'aider.

Si les ragots et/ou les critiques te maintiennent dans l'incertitude, utilise les téléchargements suivants :

« Je sais comment vivre sans faire de commérages sur les autres. »

« Je sais comment vivre sans faire des ragots malveillants sur les autres. »

« Je sais comment vivre ma vie sans créer de préjugés sur les autres ».

« Je sais comment vivre ma vie sans diviser les gens qui la composent. »

« Je sais avoir de la patience envers les autres. »

« Je sais comment voir la vérité des autres sans les déchirer. »

« Je sais comment accepter les autres sans être comme eux. »

« Je sais ce que c'est que de vivre sans se critiquer soi-même. »

« Je sais ce que c'est que de vivre sans critiquer les autres tout le temps. »

« Je sais comment vivre sans être perdu dans les limbes. »

« Je sais comment voir la vérité sur les autres. »

« Je sais comment m'arrêter quand je commence à me livrer à de vieilles habitudes de critique. »

PERCEVOIR L'AVENIR

Si tu ne comprends pas pourquoi tu as une croyance, c'est qu'elle est probablement ancestrale. Tu peux alors poser la question suivante : « Pourquoi mes ancêtres ont-ils cru à cela ? » Et tu auras probablement une réponse. Tu pourras alors dire : « En ai-je fini avec ça ? Ai-je besoin de cela dans ma vie ? Que se passera-t-il si ce n'est pas dans ma vie ? »

À ce stade, tu auras complété les différents niveaux dans lesquels tu peux travailler sur une croyance. Et de nombreux ThetaHealers trouvent la croyance de base ou **la croyance clé du passé**, mais ne vont jamais plus loin, comme :

- Que se passerait-il si je changeais cela ?

- En quoi cela m'aide-t-il ?

- Si je change cela, que se passera-t-il ?

Si tu poses ces questions, tu auras une meilleure compréhension de ce qui se passera à l'avenir.

CHANGEMENT DE CROYANCES

Nous n'avons pas toujours besoin de faire un travail sur les croyances pour changer une croyance, car souvent, lorsque nous reconnaissons que nous avons une habitude, notre cerveau peut la changer. Le cerveau fonctionne comme un ordinateur perspicace et changera les habitudes lorsqu'il verra que c'est nécessaire – et il le fait tout le temps. Par exemple, une personne qui a des relations abusives à répétition peut reconnaître qu'elle répète le même schéma, puis trouver un partenaire qui l'aime vraiment parce qu'elle a appris la leçon sur les abus.

Mais dans le travail sur les croyances, nous pouvons changer les croyances beaucoup plus rapidement en passant à une onde cérébrale Thêta ; nous pouvons localiser la croyance et la changer rapidement et efficacement. Changer une croyance signifie que nous découvrons que le schéma n'est plus nécessaire d'une manière ou d'une autre, mais qu'il ne se libère et ne se remplace pas – parce qu'il est une expérience du passé qui comporte un noyau de valeurs apprises. L'une des plus grandes erreurs que les gens font en ThetaHealing est de simplement libérer les croyances, avant de comprendre comment elles les ont aidés et servis.

Un bon exemple de cela est la croyance « J'ai fait le **vœu de pauvreté** ». De nombreuses personnes sont inspirées à faire disparaître tous les vœux de pauvreté. Mais en changeant ainsi tous les serments passés, on tente de tout changer, en avant et en arrière dans l'histoire. Cela signifie que si quelqu'un dans notre histoire passée apprend également cette leçon, la croyance reviendra. Si ton test musculaire est positif pour le programme « J'ai fait vœu de pauvreté », la meilleure solution est de se connecter et de commander que « ce serment soit accompli », et alors tu pourras aller de l'avant. Cela change la croyance, plutôt que de la libérer.

Changer les croyances, c'est être enfin capable de comprendre son passé, son présent et son avenir ; c'est comprendre d'où viennent les croyances et comment elles vous aident à vous connaître. Rien dans la vie n'est là sans raison.

—

Tout a un sens. Tout ce que tu as fait, tout ce que tu as vécu, fait de toi ce que tu es.

—

Utilise les téléchargements suivants pour t'aider à aller de l'avant :

« Je sais ce que c'est que de vivre sans être coincé dans le passé. »

« Je sais ce que c'est que d'embrasser mon passé, mon présent et mon avenir pour aller de l'avant. »

« Je sais comment comprendre mon passé, mon présent et mon avenir pour créer une meilleure réalité. »

« Je sais ce que c'est que d'être important pour mes ancêtres. »

Chapitre 4

LES PRINCIPES
D'APPROFONDISSEMENT

Dans ce chapitre, nous aborderons les principes d'approfondissement pour trouver la clé ou croyance de base.

1. TÉLÉCHARGER LES CROYANCES

Il existe quelques raccourcis pour creuser afin de trouver la croyance clé ou la croyance de base, mais de nombreux praticiens évitent d'approfondir et n'utilisent que des téléchargements dans une session de travail sur les croyances. Le téléchargement de sentiments est un moyen supplémentaire de guérison utilisé lors du travail sur les croyances pour introduire les sentiments nécessaires. Mais les téléchargements ne sont qu'une *partie* du travail sur les croyances et ne permettent pas toujours de libérer la croyance clé.

Lorsque tu écoutes les déclarations du client, elles peuvent bien sûr indiquer la nécessité de téléchargements. De bons indicateurs apparaissent lorsqu'un client dit « Je ne sais pas ce que c'est » ou « Je ne ressens pas ce que c'est ». Le téléchargement des sentiments peut alors aider à percer la bulle ou le bouclier que le subconscient a créé autour de la croyance clé, comme décrit dans l'introduction – mais il peut ne pas la libérer. Le téléchargement des sentiments est utile, mais la recherche de croyances est plus efficace pour le processus de guérison global.

Comme décrit précédemment dans le livre, le téléchargement des croyances est utile parce que le subconscient n'abandonne pas facilement les croyances s'il pense qu'elles servent un but. Bien qu'il soit parfois judicieux de télécharger un sentiment pour aider à libérer la croyance ou de la rendre consciente pour qu'elle puisse être libérée, tu *dois* quand même trouver la croyance clé – et son but – pour être certain qu'elle a été modifiée.

—

N'oublie pas que chaque croyance
négative est liée à une croyance positive
et doit donc être changée.

—

70

2. LANGUE

Certaines croyances fondamentales peuvent avoir été créées dans une langue différente de celle qui est utilisée aujourd'hui. C'est pourquoi il faut commander ou demander le remplacement d'une croyance ou le téléchargement d'un sentiment dans toutes les langues parlées, tant dans la langue maternelle du client que dans celles de ses ancêtres. Il ne doit y avoir qu'une seule commande universelle pour chaque langue.

Exemple de commande : « Créateur, télécharge ce client dans toutes les langues qu'il a parlées. »

Cela signifie que le téléchargement se fait dans l'espace du client.

3. TRAVAIL SUR LES CROYANCES DE PERSONNES À PERSONNALITÉS MULTIPLES

Lorsque tu travailles avec des personnes ayant une personnalité multiple, une dissociation, un trouble, n'ordonne jamais que ces personnalités soient intégrées dans une seule personne. Pour faire un travail sur les croyances, il suffit de les télécharger sur chaque personnalité.

4. « NE PAS », « N'EST PAS », « NE PEUT PAS », « PAS »

De nombreux psychologues pensent que le subconscient ne comprend pas les mots « ne pas », « n'est pas », « ne peut pas » et « pas ». Donc, pour obtenir une réponse précise, évite d'utiliser ces termes dans le processus de travail sur les croyances et dis au client de ne pas utiliser ces mots dans ses déclarations. Par exemple, un client ne doit pas utiliser une déclaration telle que « Je ne m'aime pas » ou « Je ne peux pas m'aimer ».

Afin de tester correctement un programme, la déclaration du client doit être « Je m'aime, non » ou « Je m'aime ». Tu peux alors faire un test énergétique négatif ou positif pour ce programme en répondant par « oui » ou « non ». Si le client a besoin que le programme soit modifié, tu peux remplacer « Je m'aime, non » par « Je m'aime ».

Bien que de nombreux psychologues pensent que le subconscient ne comprend pas ces mots, je pense que beaucoup de gens comprennent la différence inconsciemment. Cependant, il y a beaucoup de gens qui ne le font pas, il est donc logique d'éviter d'utiliser ces mots quand on commence à faire un travail sur les croyances.

5. COMMENCER LE TRAVAIL D'APPROFONDISSEMENT EN POSANT DES QUESTIONS CLÉS

Commence à approfondir en posant des questions à l'aide des mots-clés suivants :

- Qui ?

- Quoi ?

- Où ?

- Comment ?

- Quand ?

Ce sont des questions clés que le client utilise lors d'une séance d'approfondissement. Quand cela a-t-il commencé ? Comment cela t'a-t-il aidé ? Qui était avec toi ? Cela t'aidera non seulement à rechercher les croyances négatives, mais aussi à montrer comment elles servent le client.

6. LES VÉRITÉS ULTIMES : DES CROYANCES QUI NE PEUVENT ÊTRE MODIFIÉES

Il existe certaines croyances qui ne peuvent être modifiées et que l'on appelle des **vérités ultimes**. En voici quelques exemples :

- Le praticien ne peut pas programmer quelqu'un afin de lui faire croire que le soleil ne se lèvera pas demain ou que la Terre cessera de tourner.

- Le praticien ne peut pas programmer quelqu'un pour qu'il devienne un chien.

- Le praticien ne peut pas changer le **libre arbitre** d'une autre personne.

- Le praticien ne peut pas programmer une personne pour la forcer à aimer quelqu'un.

Par exemple, une de mes élèves croyait être Jeanne d'Arc et j'ai remarqué que cela posait des problèmes lorsque l'élève était en binôme avec un autre élève lors d'un exercice de travail sur les croyances.

Je leur ai demandé : « Que se passe-t-il ? »

L'étudiante dans le rôle de la praticienne m'a dit : « Nous travaillons sur les raisons pour lesquelles elle doit souffrir tout le temps. Elle croit qu'elle est Jeanne d'Arc. Quoi que je fasse, je ne peux pas changer cette croyance. »

La praticienne ne pouvait pas changer cette croyance parce que c'était une vérité, en quelque sorte. Il se peut que l'élève soit génétiquement lié à Jeanne d'Arc ou qu'il y ait eu une sorte de connexion avec elle. Au lieu de tirer la croyance de « Je suis Jeanne d'Arc », la praticienne devait changer les programmes associés autour de l'énergie de « Jeanne d'Arc » ne lui servant pas, comme « Je dois mourir pour servir Dieu » ou d'autres programmes similaires.

Si elle devait souffrir parce qu'elle croyait « Je suis Jeanne d'Arc », alors les aspects négatifs pourraient être modifiés sans perdre de temps à travailler sur quelque chose qu'elle croit être vrai. Il suffisait de télécharger cette croyance pour qu'elle puisse reprendre sa vie en main.

De la même manière, si une personne obtient une réponse positive en testant musculairement que son conjoint la trompe, cela peut être dû à un manque de confiance et au besoin de travailler sur ses croyances. Tromper peut signifier que la personne est malhonnête d'une certaine manière, mais cela ne signifie pas nécessairement qu'elle a une liaison avec une autre personne. La psyché leur dit que quelque chose ne va pas, mais la vérité est quelque chose qui doit être vérifié. Il se peut aussi que l'intuition des gens soit bonne et que leur conjoint les trompe.

Si, après avoir travaillé sur les croyances, le client a toujours un test musculaire positif pour le même problème – et que son conjoint le trompe effectivement –, alors le test d'énergie donnera toujours une réponse positive.

Enfin, il est important de noter que tu ne dois pas essayer d'annuler et de remplacer une vérité ultime telle que « Ce qui ne te tue pas te rend plus fort », car il s'agit en fait d'un système de croyances bénéfique pour le système immunitaire et elle se remplacera toujours.

La vérité d'une personne

Un de mes étudiants les plus exigeants est venu me voir et m'a dit : « J'ai la croyance "Je dois vous prouver ma valeur." Je l'ai changée, mais elle est revenue. » Il essayait toujours d'imposer sa volonté aux autres et j'avoue que j'avais peur de le laisser enseigner. Quand j'ai testé, j'avais la croyance qu'il devait me prouver sa valeur. C'était ma vérité projetée sur lui et qu'il acceptait. J'ai donc changé ma croyance en disant : « Il doit faire ses preuves face à Dieu. » J'ai également changé cette croyance en moi, car elle concernait tous mes étudiants, sachant que mon travail consistait uniquement à leur enseigner.

7. IL N'EST PAS NÉCESSAIRE DE CHANGER TOUTES LES CROYANCES

Il n'est pas nécessaire de changer toutes les croyances. Des étudiants viennent me voir et me disent : « Vianna, je veux retirer le fait que je suis têtu. » Dans de pareils cas, je suggère toujours de ne pas modifier cet aspect, car cela pourrait aussi être l'un de leurs meilleurs atouts. Pourquoi ?

Parce que l'obstination fait d'une personne ce qu'elle est ; il fallait être têtu pour en arriver là.

De la même façon, on ne peut pas s'empêcher de se mettre en colère ou d'avoir peur. La colère a un aspect positif lorsque le cerveau envoie des signaux d'alarme en cas de danger. Tout le monde se met en colère ou a peur de temps en temps, car ce sont deux réflexes de survie de l'homme. Cependant, il est possible de se libérer de la manie de tout le temps se mettre en colère ou de phobies spécifiques, de peurs qui ne nous servent pas.

Autre exemple, j'avais une amie obsessionnelle compulsive et qui voulait être guérie. Cependant, cette qualité précise la rendait géniale pour faire de la paperasse, alors je lui ai suggéré de garder une partie de la croyance et de la modifier pour la mettre à son service.

En tant que Capricorne, l'un de mes meilleurs traits de caractère est que je suis autoritaire : j'attends que les choses soient faites pour hier et je les fais moi-même s'il le faut ; cela fait aussi de moi un très bon patron. Je peux voir ce qui doit être fait et je peux faire plusieurs choses à la fois. J'ai épousé un Bélier autoritaire qui, comme moi, pense qu'il a toujours raison, et nous formons une grande équipe. J'ai aussi un mauvais caractère, que je contrôle bien, mais que mon mari Guy peut toujours déceler – c'est incroyable et je pense qu'il aime ça. Je ne veux pas changer le fait d'avoir du caractère, je veux juste le contrôler et le réserver aux urgences, donc je vois cela comme une qualité que je ne veux pas changer. Je veux être gentille et aimable, mais je sais aussi quand ne pas l'être.

—

Ce que tu penses être ton plus grand défaut peut être légèrement modifié pour devenir ta meilleure qualité sans changer une seule de tes croyances.

—

8. L'AUTORISATION VERBALE POUR LES TÉLÉCHARGEMENTS

Parfois, les praticiens disent que d'autres personnes ont tenté de télécharger des sentiments sans leur permission. Mais cela va à l'encontre de la loi du libre arbitre ; les étudiants sont simplement intuitifs et ressentent les pensées négatives des autres. Souviens-toi que les pensées négatives ne peuvent pas nous affecter si nous ne donnons pas notre permission à l'autre personne ou si nous n'acceptons pas la forme de pensée. Je crois aussi que le karma existe dans certains cas et que le fait de faire du mal aux autres peut vous retomber dessus, mais les autres ne peuvent pas nous faire des téléchargements ou nous jeter un sort sans notre permission.

Par exemple, j'ai eu une enseignante travaillant dans un autre pays qui m'a dit qu'elle allait jeter des sorts à ses élèves s'ils allaient voir un autre enseignant. Bien sûr, elle a fait cela pour inspirer la peur à ses étudiants et protéger sa carrière. Une fois que ses étudiants ont compris qu'elle ne pouvait pas les maudire, ils l'ont quittée – mais une petite part de peur est restée. L'ai-je rectifiée ? Bien sûr que je l'ai fait. A-t-elle cessé de faire cela ? Oui, elle a cessé de le faire. Mais le mal est fait. Les anciens élèves disent aux nouveaux élèves ce qu'elle a fait et la tension persiste. C'est dommage, car cette femme est une bonne guérisseuse. Il y a peut-être des gens qui peuvent en maudire d'autres, mais ils ne peuvent jamais te faire de mal quand tu envoies le sort dans la lumière.

～ RAPPEL IMPORTANT ～

Rappelle-toi toujours que la personne qui reçoit le travail sur les croyances doit te donner son autorisation verbale complète pour retirer et remplacer les programmes. Nous avons la liberté de conserver les programmes de croyance que nous choisissons. Une autre personne ne peut pas changer ces programmes sans notre autorisation verbale. Cela ne marchera pas.

9. TÉLÉCHARGER DES OBJETS

En plus de télécharger des sentiments et des croyances dans ton subconscient, tu peux aussi télécharger des qualités enrichissantes dans les objets de ta maison et de ton bureau afin qu'ils t'entourent de vibrations positives. Tout objet inanimé peut être téléchargé avec une caractéristique positive pour améliorer ta vie, mais tu ne seras affecté par l'objet que si tu as le récepteur pour le programme ou le sentiment donné. Par exemple, si je télécharge mon canapé avec la caractéristique d'être confortable, la personne qui s'y assoit doit savoir ce qu'est le confort pour en faire l'expérience.

Bien qu'il existe également des objets inanimés qui ne nécessitent pas de téléchargement, comme le jade, tu dois toujours demander à l'objet en premier lieu si tu peux le télécharger – parce que tout ce qui existe a un libre arbitre. Il arrive que certains objets refusent le téléchargement, mais 99 % le font parce qu'ils accumulent de l'énergie par leur nature même.

—

**Tu ne peux pas télécharger à la nourriture
ou à des objets d'avoir un effet néfaste sur les
gens, car l'objet ou la personne le rejettera.
Tout objet ne peut être téléchargé que pour
améliorer les qualités qu'il possède déjà,
et non pas des programmes
négatifs qu'il n'a pas.**

—

10. LE TRAVAIL SUR LES CROYANCES « PANSEMENT »

De nombreux praticiens utilisent ce que j'appelle des « pansements » au cours d'une séance ou sur eux-mêmes. Ils utilisent alors des téléchargements au lieu de chercher des croyances clés, comme l'illustre l'exemple suivant.

Disons que je suis en train de conduire et que je me dis : « Je suis trop stupide, j'ai oublié de faire ça. » Je comprends que je me considère comme stupide et je sais que c'est quelque chose que je dois changer – quelque chose qui pourrait m'empêcher d'être la personne que je dois devenir. Il faudra peut-être un travail sur les croyances pour savoir où cela a commencé, mais je n'ai pas le temps à ce moment-là, alors je télécharge « Je suis intelligent et débrouillard. »

Ces téléchargements ne prennent pas beaucoup de temps et peuvent m'aider d'une certaine manière. Mais la vérité est que je dois découvrir *où* le programme négatif a commencé et *comment* il me sert ou ne me sert pas, et comment il me servait avant, afin qu'il se nettoie complètement. Donc, chaque fois que tu ne termines pas le travail sur les croyances, on appelle cela un travail sur les croyances « pansement ». Une fois que tu auras plus de temps, accorde-toi un peu de temps pour creuser plus profondément et pour éliminer les croyances qui te limitent.

11. PROGRAMMES NÉGATIFS

Le subconscient ne connaît pas la différence entre une croyance ou un téléchargement négatif et positif, donc nous ne pouvons pas simplement commander que tous les programmes négatifs soient supprimés instantanément. Rappelle-toi que c'est l'esprit conscient qui prend la décision entre un programme/téléchargement négatif ou positif.

12. TÉLÉCHARGER DES PROGRAMMES NÉGATIFS

Le subconscient est intelligent, dans le sens où il n'accepte pas les téléchargements négatifs dans 99 % des cas, mais « ne jamais dire jamais ». Le subconscient ne connaît pas toujours la différence entre les téléchargements et les croyances négatives ou positives, et ce n'est donc pas une bonne idée de les télécharger. Si le subconscient accepte un sentiment négatif, c'est exactement ce qu'il va créer. C'est l'esprit conscient qui prend la décision entre les programmes/téléchargements négatifs ou positifs.

Même certains programmes – que l'on pourrait penser positifs au premier abord – peuvent avoir un effet curieux. Par exemple, télécharger le programme « Je sais comment vivre à partir de rien », alors que ce que tu veux vraiment, c'est l'abondance. Il en va de même pour le téléchargement du sentiment et de la connaissance de « la perspective de la dépression du Créateur de Tout Ce Qui Est », car c'est exactement ce que vous obtiendrez –

l'essence pure et absolue de la dépression. Même si tu continues en disant : « Je sais ce que c'est que de vivre sans dépression » ou « Je sais comment éviter la dépression », le subconscient peut quand même tenter de créer la dépression. Ton subconscient rejette ce genre de téléchargements bizarres 99 % du temps, mais cela peut toujours être perturbant et inutile.

Pour le Créateur, nous avons le libre arbitre de vivre la vie que nous voulons et nous obtiendrons exactement ce que nous demandons. C'est pourquoi nous devrions éviter de télécharger des sentiments négatifs dans le but de créer un résultat positif, et utiliser plutôt un sentiment positif. Par exemple, un téléchargement beaucoup plus agréable pourrait être « Je sais comment vivre sans être déprimé » ou « Je sais ce que c'est que de vivre sans dépression ». Il est également conseillé d'éviter de télécharger des programmes qui ressemblent à « Je sais ce qu'est la dépression » ou « Je sais ce qu'est la maltraitance. »

Il y a toujours une raison positive pour laquelle le subconscient s'accroche à une croyance clé négative. C'est parce que le subconscient ne peut pas séparer les croyances négatives ou positives en différentes catégories – et c'est pourquoi nous ne pouvons pas ordonner que toutes les croyances soient retirées en même temps. Une croyance négative sert d'une certaine manière à atteindre un objectif et est toujours maintenue en place pour une raison positive. Vous devriez plutôt vous demander : « Qu'est-ce qu'ils retirent de cette croyance ? »

Par exemple, un client pourrait dire : « Tout ce que je fais est un échec », ce à quoi tu devrais répondre en demandant : « Qu'avez-vous appris, réalisé ou tiré de cette croyance ? »

Le client peut y répondre : « Tant que je crois que je vais échouer, je n'ai pas à essayer, je peux rester où je suis, et je suis en sécurité. »

13. TÉLÉCHARGEMENTS POSITIFS AVEC UN RÉSULTAT NÉGATIF

Certains téléchargements peuvent être considérés comme positifs, mais ont des effets curieux qui provoquent du stress. Par exemple : « Je sais comment gérer les conflits. » Pour l'univers, cela signifie que tu dois apprendre à gérer les conflits. Ce téléchargement sera probablement source de conflits, puisque c'est exactement ce que tu demandes d'apprendre.

Quand j'étais petite, j'évitais toujours les confrontations, car j'avais peur de blesser les autres et c'est aussi pour cela que je ne savais pas dire « non ». Mais quand je me suis téléchargé avec « Je sais comment gérer les confrontations », j'ai découvert que j'avais plus de confrontations que jamais. La bonne façon de télécharger ce programme serait : « Je sais quand et comment gérer facilement les confrontations. » Maintenant, je sais que le fait de savoir gérer une confrontation au début de la conversation et de savoir quand et comment dire « non » permet de gagner beaucoup de temps.

Un autre exemple pourrait être le téléchargement de la patience. Est-ce que tu vas t'attirer des situations où tu as besoin de patience pour l'apprendre ?

Mais si tu télécharges le fait d'avoir déjà de la patience, il n'y aura pas autant de situations cocasses pour t'apprendre à en avoir. En d'autres termes, si tu télécharges des capacités qui doivent être pratiquées avant que tu ne les aies, elles pourraient être pratiquées de manière plus positive si elles étaient téléchargées de la bonne manière et avec la bonne énergie. Par exemple, la bonne façon serait : « Je sais comment, quand et qu'il est possible d'être patient dans le présent. » (Cela permettra d'éliminer le stress.)

Pour donner un autre exemple, j'ai fait il y a longtemps l'expérience de la joie et du bonheur purs pendant sept jours sans aucune colère, dépression, critique ou irritation – juste une joie parfaite. Rien ne m'a dérangé jusqu'au septième jour, où je me suis demandé si quelque chose n'allait pas chez moi, et puis ça s'est arrêté ; la joie avait disparu. Pour découvrir pourquoi la joie avait disparu, j'ai fait un travail sur les croyances avec le Créateur et je me suis téléchargé : « C'est normal d'être joyeux, constamment. »

Au fur et à mesure que tu acquiers des vertus, tu découvriras que tes capacités se développent de la même manière. Ton âme est en fait motivée à apprendre la gentillesse, la joie et la patience. Mais lorsque tu télécharges ces sentiments, utilise l'énergie des mots : « Je sais déjà comment avoir de la patience, de la gentillesse » et ainsi de suite. Après avoir téléchargé ces vertus, il est encore nécessaire de les pratiquer pour apprendre à l'esprit comment les utiliser automatiquement.

14. IMPOSER DES CROYANCES

Tous ceux qui rendent visite à un guérisseur ne veulent pas forcément faire un travail sur les croyances, mais ils en auront probablement besoin. En faisant une lecture, tu verras si le client a des problèmes de croyances, mais il est également important d'éviter de lui imposer tes croyances. En utilisant la procédure correcte de test énergétique et en veillant à ce que le client répète la déclaration à haute voix, tu éviteras que cela ne se produise (*voir page 36*). En effet, nous ne faisons un test énergétique correct que lorsque nous lisons le programme à voix haute. Penser en silence puis faire un test énergétique sans exprimer la croyance verbalement ne fonctionne pas, comme l'illustre l'exemple suivant : une de mes élèves était très contrariée parce qu'elle avait soi-disant découvert que son père avait abusé d'elle lorsqu'elle était enfant.

Vianna : « Comment as-tu découvert ce qui s'est passé ? »

Étudiant : « *J'ai fait un test musculaire.* »

Vianna : « Tu as dit à haute voix : "Mon père a abusé de moi quand j'étais enfant." ? »

Étudiant : *« Non, le praticien a "pensé" au programme pour moi et m'a dit que le test était positif. »*

Vianna : « Laisse-moi faire un test énergétique pour ce programme. Dis : "Mon père a abusé de moi" à haute voix et ferme les yeux quand tu le dis. »

Elle a répondu « non », alors je l'ai fait entrer en méditation avec les cristaux (dans un état de transe de son enfance). Elle n'avait aucun problème avec son passé et pouvait continuer à aimer son père comme elle l'avait toujours fait.

15. LORSQU'UN CLIENT DIT : « JE NE SAIS PAS »

Lorsque quelqu'un dit « je ne sais pas » lors d'une séance, la phrase peut avoir plusieurs significations. Certains clients tournent en rond en disant « je ne sais pas » à chaque demande. Cela peut signifier :

- Ils ne savent vraiment pas ce qu'ils ressentent.

- ls évitent un sujet sensible ou leur subconscient protège la croyance clé.

- Ils ne savent vraiment pas d'où vient une croyance.

Si quelqu'un dit « Je ne sais pas » pendant l'approfondissement, demande-lui : « *Et si tu savais ?* » Cette question suscitera chez le client une réponse qui pourra déboucher sur la croyance clé. Si cela ne fonctionne pas, c'est le moment de tenter de télécharger des sentiments que le client ne connaît peut-être pas, tels que « Je sais ce que l'on ressent quand on est en sécurité » ou « Je sais ce que l'on ressent quand on est aimé ». Cela peut t'aider à te diriger vers la croyance clé.

16. QUAND UN CLIENT NE GUÉRIT PAST

Nous travaillons avec des praticiens médecins pour favoriser la guérison, mais parfois les gens s'accrochent à une maladie ou à une croyance parce qu'ils croient que la guérison est impossible, ou pour d'autres raisons. Par exemple, j'ai eu un jour un étudiant qui a réussi trois guérisons avec succès après avoir connu le ThetaHealing. Les trois premières séances ont fonctionné et la dernière n'a pas fonctionné ; c'est pour cette raison que le client a dit : « J'en ai fini avec le ThetaHealing, ça n'a pas marché. » Toutefois, les éléments suivants peuvent également empêcher un client de guérir :

- Le praticien n'est pas gentil ou ne montre pas d'intérêt envers le client.

- Le praticien a peur de la maladie.

- L'ego du praticien.

- Le praticien projette ses propres croyances plutôt que celles de l'autre personne.

- Le praticien se sent vexé lorsque l'autre personne ne guérit pas immédiatement.

- Le praticien est attaché au résultat de la séance.

—

Pour moi, cela vaut la peine qu'une personne sur dix guérisse. Si tu changes les croyances de quelqu'un et que tu lui fais comprendre que le Créateur les aime, alors c'est une guérison. Et si quelqu'un ne guérit pas, alors vide ton esprit et demande à Dieu pourquoi la guérison ne fonctionne pas.

—

Je sais immédiatement si la guérison va fonctionner lorsque le client dit : « J'ai (*par exemple, telle maladie*) et personne ne peut rien y faire. » Une autre phrase type est « La seule amélioration pour moi serait une opération. » Ensuite, je fais une guérison pour que l'opération se passe bien. Je peux former quelqu'un à être profondément en état Thêta et il peut être le meilleur guérisseur, mais si le client ne veut pas aller mieux, alors il n'y a pas grand-chose à faire. Mais, en tant que guérisseur, si nous sommes toujours connectés au Créateur, alors je crois que 90 % des guérisons fonctionneront lorsque le client sera réceptif au processus.

Je trouve aussi que le fait de collaborer avec les clients de l'Ashram Sivananda est utile parce qu'ils croient qu'ils peuvent s'améliorer. Dans ces cas-là, parce qu'ils croient en la guérison, je n'ai pas besoin de faire un travail sur les croyances ; je fais juste une guérison et ils vont mieux. Nous devons aussi accepter la vérité immuable que des gens meurent et, en tant que guérisseurs, nous pouvons les aider à aller vers la lumière quand ils choisissent de partir.

17. COMPRENDRE LE PROCESSUS

Être un praticien efficace avec le travail sur les croyances signifie de permettre au client de reconnaître ses problèmes par lui-même. Même si tu ne trouves pas la croyance clé lors de la séance, il est probable que le subconscient du client reconnaisse qu'il y a quelque chose qui doit changer (tant qu'il ne perçoit pas le changement comme une menace).

18. ÉVITER LE DRAME

Évite de te laisser entraîner émotionnellement dans le drame du client. Chaque émotion qui fait surface concerne le client, pas toi. Quoi que le client fasse ou dise, tu dois rester neutre afin de l'aider. Cette neutralité peut être obtenue en travaillant sur nos propres problèmes, même si je me rends compte que cela peut être difficile parfois. Lorsque je suis impliquée émotionnellement avec un client, je vais voir le Créateur et je lui demande de m'apporter des sentiments d'amour et de compassion, car cela est différent de l'implication émotionnelle.

Il arrive parfois qu'un client vienne juste pour une lecture, mais qu'il soit bouleversé et finisse même par te crier dessus. Ce type d'expérience peut rapidement te déstabiliser, mais, neuf fois sur dix, cela n'aura rien à voir avec toi. Dans ces cas-là, évite de t'effondrer devant un client, car cela ne fera que t'empêcher d'être témoin de la guérison. Demande également au Créateur si le client peut devenir un ami proche et de confiance avant qu'il ne le devienne.

—

Les guérisseurs doivent relever le défi de rester dans un espace positif et sain, souvent dans des conditions des plus défavorables. Pour prendre soin des autres, il faut d'abord prendre soin de soi.

—

Sans même le savoir, tu peux traiter un client de la même manière que la projection négative de son subconscient. En pensée et en action, en paroles et en actes, nous devons traiter les autres avec une gentillesse intuitive. Pour ce faire, il est important de connaître intuitivement la différence entre tes sentiments, programmes et croyances et ceux d'un autre.

19. CHANGER L'ÉNERGIE

Une chose importante à retenir est que si tu n'aimes pas ton client, il risque de ne pas aller mieux. Dans ce cas, la solution consiste à travailler sur tes croyances par rapport à certains clients.

Une fois, j'ai eu une cliente qui n'était pas aimable avec le personnel de mon bureau (qui sont aussi mes enfants). Ainsi, lorsque j'ai parlé à cette cliente en particulier, j'étais irritée par la façon dont elle avait traité ma fille. Frustrée par son manque de progrès, je me suis connectée et j'ai demandé : « Créateur, pourquoi ne va-t-elle pas mieux ? »

Le Créateur a dit : « Tu dois l'aimer, Vianna. » J'ai donc travaillé sur mes croyances et, la fois suivante où elle a appelé le bureau, elle a été agréable avec tout le monde. Elle pouvait sans doute sentir ce que je ressentais et, quand j'ai changé mes croyances sur la situation, les siennes ont changé aussi.

20. CROYANCES DOUBLES

Au cours du processus d'approfondissement, les croyances doubles se libèrent généralement lorsque tu trouves la croyance clé. Par exemple, j'avais la croyance double « je suis riche » et « je suis pauvre ». Le bon sens voudrait que l'on vérifie s'il y a une croyance contraire, car, après tout, mon compte bancaire fluctue également, alors je suis allé voir le Créateur pour lui demander pourquoi.

Vianna : « Pourquoi ai-je seulement assez d'argent pour tenir d'un mois sur l'autre ? »

Créateur : « *Pourquoi tu t'inquiètes ? Tu as toujours assez de mois en mois.* »

Vianna : « Pourquoi est-ce ainsi ? »

Créateur : « *L'argent t'inspire à faire des guérisons. Tant que tu devras gagner de l'argent, tu continueras à travailler tous les jours. Tu dois payer tes factures, et cela t'inspire pour être une guérisseuse.* »

(Le Créateur ne m'a pas dit que c'était dû au fait d'avoir une croyance double parce que c'est la croyance clé ou la croyance du fond qui est importante.)

Vianna : « Oh non, Créateur, j'irais quand même travailler tous les jours même si j'avais beaucoup d'argent ! »

Créateur : « *Vraiment ? Mercredi dernier, tu ne te sentais pas bien, mais tu es allée travailler et tu as soigné une petite fille. Mais si tu avais beaucoup d'argent en réserve, tu serais restée au lit, alors peut-être que tu devrais apprendre à être une guérisseuse sans que l'argent soit ton inspiration.* »

Après cette séance de travail sur les croyances, je me suis recentrée sur la guérison par amour et sur l'évolution de ma situation financière. Mais parfois, le travail sur les croyances ne se résume pas à une croyance double, mais à : « Pourquoi ai-je créé cela dans ma vie ? » Cela ne veut pas dire que les gens n'ont pas de croyances doubles dans le processus d'approfondissement, mais que tu doives te concentrer sur la croyance sous-jacente ou clé.

Une chose que certains ThetaHealers disent après avoir pratiqué le travail sur les croyances pendant plusieurs années est qu'ils ont fait tout leur travail sur les croyances et n'ont plus rien à travailler. À ces personnes, je dis : « Bien, mais sans travail sur les croyances supplémentaires, vous ne vous développerez pas », parce que notre ego est notre pire ennemi.

21. RESSENTIMENTS ET RANCUNES

Chaque personne dans ta vie te sert d'une manière ou d'une autre. Si une personne en particulier te fait traverser une période difficile et présente une résistance dans ta vie, c'est peut-être la façon dont tu es motivé. Es-tu motivé par des individus qui créent une résistance dans ta vie ? Interroge les autres sur les personnes qui font partie de leur vie et sur la manière dont elles les affectent.

Tu peux aussi libérer des ressentiments individuels en utilisant le travail sur les croyances, mais tu dois libérer en même temps toutes les rancunes qui y sont liées. Tu peux le faire en demandant au client s'il a une rancune contre quelqu'un ou quelque chose dont il retire un bénéfice.

22. SE RAPPROCHER DE LA CROYANCE CLÉ

Tu sauras quand tu te rapprocheras de la croyance clé lorsque toi-même (ou le client) commenceras à être un peu mal à l'aise et fatigué. Ton client pourrait dire qu'il ne veut pas continuer l'approfondissement, ou abandonner, tout simplement. En effet, c'est la dernière chance pour le subconscient de s'accrocher à un programme qu'il croit utile. Habituellement, le cerveau s'accroche à une croyance lorsque celle-ci est au niveau historique (*voir page 13*).

Un bon exemple est le travail sur les croyances avec une personne atteinte d'un cancer du sein. Au début, les clientes sont toutes heureuses, mais, au fur et à mesure que les séances de travail sur les croyances se poursuivent, elles peuvent commencer à devenir plus pénibles et plus conflictuelles. Lorsque les clientes commencent à agir de cette façon, il y a de fortes chances que tu sois proche de la croyance clé. La colère ressentie lors d'une séance de travail sur les croyances peut également être un indicateur que le client va mieux. Lorsque les gens tombent malades, ils en arrivent souvent au point où ils ne se soucient plus d'aller mieux et où l'apathie s'installe. Dans ce cas, la colère peut stimuler leurs glandes surrénales, leur donner de l'énergie et leur donner ainsi envie de vivre.

Une autre indication que tu te rapproches de la croyance clé est que le client commence à t'agacer. Néanmoins, la croyance clé doit être trouvée avant la fin de la séance, sinon le client risque de vivre une crise de guérison. Continue la séance jusqu'à ce que le client soit à l'aise et ait un sentiment de paix.

> ⟿ **RAPPEL IMPORTANT** ⟿
>
> N'utilise pas de bloc-notes pour écrire des informations sur tes clients. Si tu écris les croyances, tu n'es pas présent et tu ne travailles pas avec ton cœur. Cela aide les clients à se sentir en sécurité et si tu es confus ou perdu pendant la séance, alors demande conseil au Créateur.

23. LES TÉLÉCHARGEMENTS INDIQUANT DES CROYANCES NÉGATIVES

Dans certains cas, lorsque tu télécharges un client avec des sentiments, les systèmes de croyances seront libérés et indiqueront même que tu as atteint une croyance clé. Par exemple, si tu télécharges un sentiment tel que « je comprends ce que c'est que d'être bienveillant et gentil », cela peut faire apparaître la problématique « il est dangereux d'être trop gentil » et « on va profiter de moi et me faire du mal ». Si cela se produit, le client peut refuser le téléchargement.

Dans la plupart des cas, lorsque tu télécharges un sentiment, le client se sentira euphorique. Mais s'il y a un élément qui entre en contradiction avec le téléchargement vers le client, les émotions le pousseront à ne pas le prendre. C'est pourquoi, lorsque tu es témoin du téléchargement de sentiments, il est préférable de demander au client comment il se sent lorsqu'il accepte les nouveaux sentiments.

En ThetaHealing, nous ne nous contentons pas d'identifier les croyances qui doivent être remplacées, nous en ajoutons aussi de nouvelles. Lorsque nous identifions la croyance et comprenons comment elle nous sert dans le présent, nous pouvons alors regarder vers l'avenir et voir si c'est quelque chose dont nous avons besoin, si c'est quelque chose que nous pouvons changer, et comment le changer.

⁓

Le travail sur les croyances est toujours lié au passé, au présent et au futur ; il s'agit toujours de travailler sur la raison pour laquelle nous sommes ce que nous sommes et sur la façon de nous comprendre nous-mêmes.

⁓

24. LES CELLULES PARLENT AUX CELLULES

Nous savons que les cellules du corps sont interconnectées et communiquent entre elles par un langage inexplicable qui n'est pas clairement défini. Pour cette raison, il est également possible pour les cellules de communiquer avec les cellules du corps d'une autre personne par le biais d'une pensée projetée. Cette transmission fonctionne de la même manière que nous sommes tous interconnectés par l'énergie de Tout Ce Qui Est. De cette façon, l'essence de la pensée pure peut être projetée par le toucher physique pour communiquer des informations cellulaires – telles que la manière de visualiser, d'envoyer la conscience ou de créer des guérisons – à condition que le corps ne perçoive pas le message comme une menace (ce qui est souvent le cas, si le client a subi des abus sexuels ou physiques, car le toucher doit être consensuel).

Lorsque tu communiques au niveau cellulaire, il est important que tu sois dans un état Thêta. Lorsque tu touches la main du client en étant en état Thêta, je crois que l'essence de la connaissance cellulaire est immédiatement transmise sous forme de message dans sa connaissance cellulaire. Ce message plonge automatiquement le client dans une onde cérébrale Thêta avec toi, et donc dans un état propice à l'acceptation de guérisons.

Toutefois, il est intéressant de noter qu'il faut généralement au moins un **cycle de sommeil** pour que toutes les informations provenant des cellules soient comprises par le cerveau ; et aussi que la guérison cellulaire ne remplace pas le travail sur les croyances, le travail sur les sentiments ou l'approfondissement, car le client doit être conscient des sentiments et des programmes qu'il accepte.

25. L'ART DU TRAVAIL SUR LES CROYANCES SUR SOI-MÊME

Faire un travail sur les croyances et creuser pour soi-même demande un peu de discipline, mais les deux méthodes suivantes sont efficaces pour trouver des croyances.

Méthode de travail sur les croyances 1

Grâce à ce processus, tu peux facilement rechercher la croyance clé pour toi-même en étant à la fois praticien et client. Imagine que tu es assis en face de toi-même et que tu te parles pendant que tu es connecté au Créateur, tout en effectuant des tests musculaires pour les programmes. Lorsque tu travailles avec toi-même, tout comme lors d'une séance avec un praticien, tu dois dire chaque programme à voix haute. Tu peux le faire en t'adressant directement au Créateur et en lui demandant :

· Quand cela a-t-il commencé ? Montre-moi quand cela a commencé.

· Quel âge avais-je quand cela s'est produit ?

· Est-ce que c'est plus profond ?

· En quoi cela m'aide-t-il et qu'est-ce que j'ai appris de cela ?

· Pourquoi ai-je créé cela ?

· En quoi cela m'aide-t-il ?

· Quelles sont les vertus que j'apprends ?

· Créateur, par quoi dois-je le remplacer ?

Pose ces questions et reçois les réponses dont tu as besoin.

Dans tout travail sur les croyances, tu dois toujours être en contact avec le Créateur, car c'est l'une des choses les plus précieuses que tu peux développer en tant que guérisseur. Demande toujours au Créateur où la croyance te mène. Il faut que tu comprennes que tu peux toujours aller demander à Dieu si tu as une croyance et attendre une réponse, « oui » ou « non ». Par exemple, si tu demandes à Dieu pourquoi tu es tout le temps malade, tu pourrais obtenir la réponse : « Parce que lorsque tu es malade, tu ne t'inquiètes pas autant pour tout le reste. Tu n'as pas à te soucier autant de tes affaires, de tes enfants. Tu peux te concentrer sur toi et utiliser cela pour éviter le stress. »

MÉTHODE DE TRAVAIL SUR LES CROYANCES 2

Lors de ce processus, place-toi face au nord. Lorsque tu dis « oui », ton corps doit se pencher vers l'avant. Lorsque tu dis « non », ton corps doit se pencher vers l'arrière, ce qui indique une réponse négative. Si ton corps ne se penche pas du tout, il est probable que tu sois déshydraté, alors assure-toi de t'hydrater et essaie à nouveau le processus. (Voir également le chapitre 2 pour les méthodes et le processus de test d'énergie corrects).

Je trouve que cette méthode est plus efficace pour s'auto-tester plutôt que de tenir ses doigts serrés ensemble et d'essayer d'obtenir un « oui » ou « non ». C'est aussi une méthode utile pour tester un programme auquel tu ne veux pas faire face.

Laisse le Créateur te guider

Crée un moment de calme pour travailler sur toi en prenant rendez-vous avec toi-même. Nous avons tendance à éviter de travailler sur nous-mêmes, parce que le subconscient tente de prendre le dessus et nous dit : « Va préparer le dîner » ou « Je dois aller travailler. » C'est la façon dont le subconscient évite le travail sur les croyances parce qu'il croit qu'il nous protège. Et si tu as tendance à « ressentir » plutôt qu'à « voir » les choses, alors ressentir la réponse est tout aussi puissant que de la voir. J'ai toujours dit que je pouvais entraîner les gens à voir, mais que le fait de ressentir est un don.

Une question que l'on me pose souvent est de savoir comment faire la différence entre son esprit et le Créateur.

Lorsque tu te connectes au Créateur et que tu poses une question, tu obtiendras une réponse immédiate. Si la réponse vient de ton esprit, on te dira quelque chose comme : « Il se fait tard, je devrais aller préparer le dîner. » Ce n'est pas le Créateur qui est en train de te parler ; c'est toi qui essaies d'éviter le travail sur les croyances. Le Créateur est amour et intelligence parfaits.

Par exemple, si tu as la croyance que l'amour est une douleur, tu éviteras l'amour. Si tu essaies de travailler sur cette dernière, il pourrait y avoir une lutte interne. Tu devras alors demander au Créateur de te montrer où la croyance a commencé. Ensuite, tu pourras télécharger ce qu'est le véritable amour – qui est sans danger – ou changer la croyance selon laquelle tu dois laisser les personnes que tu aimes te faire du mal.

—

**Il est très important
d'être conscient de ses croyances.**

—

Faire un travail sur les croyances avec moi-même (que j'appelle travail sur la confiance sur soi) demande de l'autodiscipline, même pour moi, mais j'aime aller voir le Créateur pour obtenir des réponses. Travailler directement avec le Créateur peut également être un avantage par rapport à un praticien, qui peut confondre les choses avec ce qu'il croit être vos croyances. Dans ce scénario, tu risques de te sentir gêné et de ne pas vouloir coopérer – et c'est aussi pourquoi il est si important pour un praticien d'être en contact avec le Créateur pendant la séance. D'un autre côté, travailler avec un praticien expérimenté et bienveillant, avec qui tu te sens en sécurité, peut t'empêcher de tenter de dissimuler des problèmes profonds

Utilise les téléchargements suivants pour l'auto-guérison :

« Je sais que l'histoire de la planète, le niveau historique, le niveau génétique sont tous importants, et je sais comment travailler sur ces niveaux. »

« Je comprends ce que ça fait de savoir pourquoi je fais ce que je fais. »

« Je sais comment me comprendre et travailler sur moi-même. »

« Je sais comment me connecter au Créateur et lui demander pourquoi j'ai une croyance, quand elle a commencé, comment la modifier, ce que je dois faire pour la changer, de quels téléchargements j'ai besoin et comment je dois modifier la croyance pour mon meilleur et mon plus élevé. »

26. SUR-CORRECTION

Lorsque tu approfondis pour trouver tes croyances clés ou de base, tu peux faire l'expérience de ce que l'on appelle une « sur-correction ». Lorsque tu commences à libérer des programmes profonds et à télécharger de nouveaux sentiments, cela peut soulever des problèmes familiaux. Ce processus de libération et de téléchargement est susceptible de te donner un fort sentiment de pouvoir et tu auras peut-être envie de téléphoner aux personnes concernées pour leur crier dessus. Donne-toi le temps de traiter tous les sentiments qui ont fait surface au cours de la séance de travail sur les croyances avant d'entreprendre toute action. Beaucoup de ces programmes ont été créés il y a longtemps et la personne qui les a fait naître en toi a probablement changé depuis. Elle n'est plus la même personne et ne comprendra pas pourquoi tu lui cries dessus, et tu ne recevras aucune excuse en le faisant.

—

**Fais de ton mieux pour ne pas sur-corriger
une situation ou un problème que tu as
eu avec une autre personne jusqu'à ce
que tu sois arrivé à trouver un équilibre**

—

Chapitre 5

LES CINQ ÉTAPES DE BASE DU TRAVAIL SUR LES CROYANCES

En tant que praticien travaillant avec des clients, il existe cinq étapes essentielles pour effectuer un approfondissement des croyances, que nous aborderons dans ce chapitre, avant de passer aux processus plus avancés dans le chapitre suivant :

1. **Établir un contact :** Un lien de confiance entre le client et le praticien encouragera une communication ouverte.

2. **Identifier le problème :** Il s'agit de la problématique sur laquelle le client dit vouloir travailler.

3. **Utiliser des mots-clés et des questions de base :** Commence à creuser pour trouver la croyance clé ou la croyance de base du client afin de libérer toutes les autres croyances qui se trouvent au-dessus.

4. **Changer les croyances :** Connecte-toi au Créateur et sois témoin du changement des croyances sur les quatre niveaux : base, génétique, histoire et âme.

5. **Confirmer le changement :** Confirme que les croyances ont été modifiées en effectuant des tests énergétiques sur chaque croyance qui a été libérée et remplacée.

Examinons chacune des cinq étapes plus en détail :

ÉTAPE 1 : ÉTABLIR UN CONTACT

Commence par accueillir le client et le mettre à l'aise. La création de ce lien de confiance favorisera une communication ouverte entre vous.

Écouter, prendre en considération et questionner

Écoute ce que le client a à dire et prends-le en considération, puis continue à poser des questions sans être agressif.

Sois à l'écoute de ce que dit le client et sois conscient de l'énergie qui se cache derrière chaque phrase, car chaque phrase est un indicateur de la croyance fondamentale ou clé. Ne parle pas à la place du client, mais fais-lui sentir que ce qu'il dit est pertinent et a de la valeur – parce que c'est le cas. De plus, chaque personne est différente des autres dans le monde, donc, bien qu'il puisse y avoir des similitudes dans les croyances, chaque personne doit être traitée comme un individu unique.

Établir un contact visuel et lire le langage corporel

Il est important d'établir un contact visuel avec le client et de surveiller son **langage corporel**, car ses réactions physiques indiqueront quand un point sensible du processus de travail sur les croyances a été atteint.

ÉTAPE 2 : IDENTIFIER LE PROBLÈME

Au début de la séance de travail sur les croyances, demande au client ce qu'il veut accomplir. Il existe de nombreuses possibilités de croyances sur lesquelles travailler, mais n'oublie pas que la séance concerne le client : ses besoins et ce sur quoi il veut travailler.

Demande au client « Sur quoi voudrais-tu travailler aujourd'hui ? ».

Si le client répond, par exemple, « Je voudrais travailler sur mes problèmes familiaux », ce problème est « à la surface » pour le client et le point de départ qui peut mener à la croyance clé – la cause du problème. Cette croyance représentera probablement une situation dans la vie du client qu'il aimerait changer.

Test musculaire

Effectue un test musculaire pour déterminer ce que le client pense être vrai concernant sa problématique (voir le chapitre 2 pour les méthodes et processus de test musculaire corrects).

Fais preuve d'observation et assure-toi que le client tient toujours ses doigts fermement serrés et les relâche de manière inconsciente en réponse à ses énoncés. Veille à ce que le client n'essaie pas d'ouvrir ou de fermer ses doigts dans une tentative consciente de manipuler la procédure.

Fixe des objectifs avec la croyance à la surface

Fixe un objectif commun avec le client en disant par exemple : « Examinons le problème et allons au fond des choses ». N'oublie pas de ne pas prendre de notes sur un carnet, car cela pourrait donner au client l'impression que quelque chose ne va pas chez lui ou que tu es en train de l'étudier ou de l'analyser.

ÉTAPE 3 : UTILISE DES MOTS-CLÉS ET DES QUESTIONS DE BASE

Afin d'utiliser le processus d'approfondissement pour trouver les croyances clés d'un client, ton approche doit être une recherche intuitive. Pose des questions au client en utilisant les mots-clés suivants pour identifier ses problèmes et ses croyances négatives :

- Quand ?

- Quoi ?

- Qui ?

- Où ?

- Pourquoi ?

- Comment ?

Utilise ces mots-clés pour creuser la croyance, comme le montre le tableau ci-dessous :

Mot-clé	Exemple
Quand ?	*Quand* cela s'est-il produit pour la première fois ?
Quoi ?	Tu en as appris *quoi* ?
Qui ?	*Qui* t'a dit cela ?
Où ?	*Où* tout cela a-t-il commencé ? *Où* étais-tu quand cela s'est produit ?
Pourquoi ?	*Pourquoi* penses-tu être malade ?
Comment ?	*Comment* te sens-tu par rapport à cela ? *Comment* cela te sert-il ?

L'utilisation de ces mots-clés en corrélation avec les questions crée une ouverture vers les croyances profondes du client. À partir de là, il y a ensuite dix approches d'approfondissement différentes, ou raccourcis, pour identifier la croyance clé – selon le type de question posée. Nous aborderons plus en détail ces dix approches dans le chapitre suivant.

ÉTAPE 4 : CHANGER LES CROYANCES

Certains indicateurs montrant que tu as atteint la croyance clé sont que le client tourne en rond dans ses réponses, tourne autour du pot ou évite le sujet. Sois patient et persévérant pour trouver la croyance la plus profonde. En outre, le client peut tenter de te distraire en changeant de sujet, et/ou devenir nerveux ou émotif.

Le client peut également devenir ému, faire des mouvements nerveux, se tortiller sur sa chaise, se gratter la tête, croiser les bras, commencer à pleurer et sa respiration peut devenir irrégulière. Le client peut également regarder ses pieds et ne pas établir de contact visuel. Ce langage corporel indique une tentative de la part du subconscient de s'accrocher à la croyance clé.

—

**Si le client commence à ressentir
un certain inconfort en faisant un travail
sur les croyances, demande-lui s'il
souhaite que tu lui télécharges ce que
l'on ressent lorsque l'on est en sécurité**

—

Changer les croyances par l'intermédiaire du Créateur

Je dis souvent que j'ai le travail le plus facile au monde. Tout ce que j'ai à faire, c'est d'écouter le Créateur et de faire ce qu'on me dit de faire. De la même manière, ton processus d'approfondissement (que ce soit avec toi-même, une autre personne ou un client) doit être pratiqué dans une perspective de co-création avec le Créateur. Tout ce que tu as à faire, c'est d'écouter le Créateur.

Tout au long du processus, assure-toi d'interagir avec le client dans une perspective de septième plan par l'intermédiaire du Créateur de Tout Ce Qui Est. Cela signifie que les interactions d'approfondissement proviennent du septième plan d'existence, pas du troisième. La co-création te permet de sortir de ton propre paradigme et d'entrer dans celui du client. Ne laisse pas ton propre jugement influencer ton enquête dans la séance de travail sur les croyances. Rappelle-toi : le processus d'approfondissement concerne le client.

—

**Une séance de travail sur les croyances
est une interaction entre le client, le praticien
et le Créateur.
Le Créateur est toujours avec toi.**

—

Demande au Créateur

Lorsque tu travailles avec un client, évite de projeter tes croyances ou tes sentiments dans le processus de recherche. La meilleure façon de le faire est de rester étroitement lié à la perspective du Créateur. Comme décrit précédemment, le client peut te faire tourner en rond, te dissimuler des choses ou tourner autour du pot lors des questions-réponses. Sois patient et persévérant pour trouver la croyance la plus profonde.

Demande toujours l'aide du Créateur lorsque tu as besoin de conseils supplémentaires. Demande au Créateur de te guider dans ta séance d'approfondissement. Par exemple, demande au Créateur de te dire quelle est la croyance la plus profonde ou la plus importante, quelles croyances tester musculairement et quels sentiments télécharger.

Par exemple, tu pourrais demander : « Créateur de Tout Ce Qui Est, il est demandé que tu me dises quel sentiment télécharger pour cette personne. Merci ! C'est fait, c'est fait, c'est fait. »

Tu peux également faire appel au Créateur lors d'une séance de travail sur les croyances :

- Si tu n'es pas sûr, demande au Créateur quelles questions tu dois poser au client.

- Lorsqu'un client présente plusieurs problèmes, demande au Créateur sur quel problème spécifique il faut se concentrer en premier.

- Demande si une croyance en particulier est la croyance clé.

- Demande au Créateur quelle est la croyance clé.

- Demande une nouvelle croyance positive pour remplacer une croyance négative.

- Demande quels sont les sentiments positifs à télécharger à la personne qui l'aidera dans la situation donnée.

Tu peux aussi demander : « Créateur de Tout Ce Qui Est, de quels sentiments cette personne a-t-elle besoin ? Merci ! C'est fait, c'est fait, c'est fait ».

Tu peux aussi *changer* des croyances et télécharger des sentiments par l'intermédiaire *du Créateur* en :

- Effectuant une guérison sur toute croyance négative trouvée au cours de la session en téléchargeant des sentiments si nécessaire.

- En faisant prendre conscience au client de la croyance clé.

- En te connectant au Créateur et en assistant à la modification des croyances sur tous les niveaux de croyances de base, génétique, historique et de **l'âme**.

ÉTAPE 5 : CONFIRMER LE CHANGEMENT

Confirme que la croyance a été libérée et remplacée par un test énergétique de la croyance modifiée (voir le chapitre 2 pour les méthodes et processus de test énergétique corrects) ; cela te permet, ainsi qu'au client, de valider la croyance.

Comme décrit dans le chapitre précédent, tu sauras quand tu es proche de la croyance clé si le client devient sur la défensive verbalement, se crispe ou commence à pleurer. Ce type de résistance est une tentative de la part du subconscient de s'accrocher à la croyance clé. Si le client commence à ressentir un malaise en faisant le travail sur les croyances, demande-lui si tu peux lui télécharger le sentiment de ce que l'on *ressent* lorsque l'on est en sécurité.

Chapitre 6

LES 10 APPROCHES (OU RACCOURCIS) POUR APPROFONDIR

Il existe 10 approches ou raccourcis que tu peux utiliser pour identifier la croyance clé – selon le type de problème – et toutes ces approches peuvent être utilisées de façon interchangeable dans une seule séance de travail sur les croyances.

Approches pour l'approfondissement	Description
1. Peur	Identifier la peur la plus profonde qui se trouve à la base de toutes les autres peurs.
2. Rancune	Comprendre la situation en demandant : « Quand la rancune a-t-elle été créée ? » Et aussi : « Quelle est la raison de cette rancune ? » Cette approche peut être utilisée pour le ressentiment et toute autre émotion négative, à l'exception de la peur.
3. Maladie 1	Découvrir pourquoi la maladie a été créée. Demande : « En quoi la maladie te sert-elle et quelle bonne chose s'est produite depuis que la maladie a commencé ? »
4. Maladie 2	Imaginer que la maladie disparaisse dans le futur. Demande : « Que se passerait-il si tu allais parfaitement bien ? »
5. Manifester	Le client visualise ce qu'il souhaite manifester. Pose des questions pour identifier les problèmes tels que « Que se passerait-il si tu avais ce que tu souhaites ? »

Approches pour l'approfondissement	Description
6. Génétique	Identifier le problème en demandant si la croyance est celle de la mère du client, la croyance du père, ou la croyance d'un ancêtre.
7. Niveau historique	Travailler sur les croyances qui ont été transmises par les vies antérieures et les consciences de groupe.
8. L'impossible	Enseigner au cerveau que ce qui semble impossible peut en fait être possible.
9. Creuser au présent – apprendre des difficultés	Faire prendre conscience que chaque difficulté a un but plus profond. Demande : « Quel bénéfice tires-tu des difficultés que tu rencontres ? »
10. Apprendre des vertus	Le but de l'âme dans cette vie est d'apprendre des vertus et de développer des capacités. Demande : « Quelles vertus je développe à partir de ces expériences ? »

Parmi les 10 approches suivantes, la peur et le ressentiment sont les approches de base et les éléments constitutifs de toutes les autres approches d'approfondissement. Mais n'oublie pas que les approches décrites dans ce chapitre ne sont que des suggestions pour guider ton travail avec les clients, car il n'y a pas deux personnes identiques et chaque séance de travail sur les croyances sera différente. Le processus d'approfondissement est une exploration intuitive et trouver le fond ou la croyance clé est une forme d'art ; les 10 approches ne sont donc que des suggestions pour guider vos séances de travail sur les croyances.

Le processus d'approfondissement est la recherche de la croyance clé qui a créé le programme et qui permettra de libérer toutes les croyances empilées au-dessus de lui. Pour devenir compétent dans le travail d'approfondissement, tu dois comprendre comment le fait de poser les bonnes questions permet d'identifier la croyance clé sous-jacente ; les 10 approches suivantes ont pour but de te guider dans cette démarche :

APPROCHE D'APPROFONDISSEMENT 1 : LA PEUR

D'une manière générale, il existe deux énergies émotionnelles différentes qui nous motivent : la peur et l'amour. L'amour devrait être la première motivation, mais ce n'est pas toujours le cas. L'amour inconditionnel est la plus haute vibration de l'univers et la peur est l'une des plus basses. Dans le travail sur les croyances, nous n'essayons pas de supprimer la réponse émotionnelle de la peur, parce qu'il s'agit d'une réaction humaine naturelle ; c'est notre réponse de survie intégrée en cas d'urgence. C'est pourquoi il est important de pouvoir faire la différence entre les « programmes de peur » dysfonctionnels et la réaction normale de peur en cas d'urgence.

Vivre dans une peur constante est un programme négatif, tout comme les phobies, et c'est à ce moment-là que la peur pose également un problème. Une peur incontrôlée peut bloquer à peu près tout, y compris l'amour, tandis que des peurs compulsives peuvent se transformer en phobies. Une façon de changer une phobie est de faire un travail sur les croyances et de trouver la croyance clé qui maintient la phobie en place.

—

Une peur irrationnelle et compulsive ne sert à rien. Les énergies négatives de la peur, du doute et de l'incrédulité sont parmi les blocs les plus courants qui se présentent dans le travail sur les croyances.

—

Dans tout processus intuitif, la peur ne devrait jamais faire partie du processus de guérison du côté du praticien. Ainsi, avant de commencer à travailler avec des clients, il est important de dissiper tes propres craintes ou préjugés.

Au lieu de regarder le Créateur faire le travail, certains guérisseurs craignent que le processus ne fonctionne pas et agrémentent (j'entends par là embellir) les croyances du client durant le travail d'approfondissement. Enjoliver les choses peut provoquer chez le client des émotions inutiles et ce qui aurait pu être terminé en 30 secondes pourra prendre beaucoup plus de temps que prévu.

Commencer l'approfondissement

Suis la piste des croyances de peur jusqu'à la source de la plus grande peur en posant des questions clés pour découvrir pourquoi ce sentiment est apparu, comment il s'est produit et quand il a commencé. Ces questions ouvriront le subconscient du client face à ses croyances les plus profondes.

Pour identifier la peur la plus profonde qui sous-tend toutes les autres angoisses, demande :

- De quoi as-tu peur ?

- Quelle est ta plus grande peur ?

- Quelle est la pire chose qui pourrait arriver (si tu étais dans une situation donnée) ?

- Qu'as-tu ressenti lorsque cela s'est produit ?

- Que se passe-t-il ensuite dans cette situation ?

- Quand as-tu ressenti cette peur pour la première fois ? Quand a-t-elle commencé ?

- Quelle est la pire chose qui pourrait arriver si tu étais confronté à ta plus grande peur ?

Ainsi, lorsque l'on creuse pour les peurs, la première question est : « De quoi as-tu peur ? »

Le client répond, par exemple, « J'ai peur de l'eau. »

Tu lui demandes alors : « Que pourrait-il t'arriver à cause de ta peur de l'eau ? »

Le client dit : « Je pourrais me noyer. »

Si le client a peur de quelque chose de spécifique, c'est rarement ce dont il a réellement peur et il y a généralement une cause sous-jacente à cette peur.

Si quelqu'un a peur de l'eau, la croyance sera : « J'ai peur de l'eau », et si tu enlèves ce programme et que tu le remplaces par : « Je n'ai pas peur de l'eau », rien ne changera, parce que l'eau n'est pas nécessairement ce que le client craint ; la peur vient d'autre chose.

À ce stade, tu sais que l'eau n'est pas la peur du client, mais c'est ainsi qu'elle se manifeste. L'étape suivante consiste à suivre la peur jusqu'à la croyance clé, afin que le client réalise ce dont il a peur.

Praticien : « Que se passe-t-il si tu te noies ? »

Client : *« Eh bien, si je me noie, je vais mourir. »*

Praticien : « Et puis, que se passera-t-il ? »

Client : « *Si je meurs, j'abandonnerai mes enfants, et si j'abandonne mes enfants, je serai un échec, et si je suis un échec, je décevrai Dieu, et si je déçois Dieu, je ne pourrai pas aller vers la lumière. Je serai coincé dans les ténèbres.* »

Avec ces précisions, le client a fait son propre travail d'approfondissement. Le praticien a utilisé les mots-clés de recherche « qui », « quoi », « quand », « où », « comment » et a simplement écouté ce que le client disait.

—

Connecte-toi au Créateur et pose des questions du type « qui », « quoi », « quand », « où » et « comment ».

—

Praticien : « Que se passera-t-il si tu es coincé dans les ténèbres ? »

Client : « *Je serai coincé dans l'obscurité et je serai dans le néant.* »

Le praticien se rend compte que la personne n'a pas peur de l'eau, mais du « néant ». Comme dans ce court exemple, lorsqu'un client donne autant de détails, cela indique qu'il se souvient d'un événement qui est réel pour lui. Peu importe d'où vient le souvenir, guide-le pour qu'il ne soit pas laissé au milieu de sa plus grande peur. Dans le scénario ci-dessus, la véritable peur du client est le « néant » et le fait qu'il déçoive Dieu et abandonne ses enfants. La véritable peur dépend du nombre de fois que le client la répète.

Pour changer ces croyances, demande au Créateur de retirer la peur du néant et de la remplacer par la croyance que le Créateur dit – qui est souvent « tu pourras toujours surveiller tes enfants » et « tu es toujours aimé par le Créateur dans l'énergie de la création ». Une fois que l'on retire la peur du néant, toutes les autres peurs s'effondrent. Une fois la peur disparue, il est peu probable que le client ait une phobie de l'eau. Pour tester cela, demande à ton client d'imaginer qu'il est dans l'eau et demande-lui comment il se sent.

Un indicateur d'une croyance clé est que le client répète sans cesse quelque chose, comme « j'ai déçu Dieu » ou « je suis un raté pour mes enfants », alors écoute attentivement ce que dit le client. La croyance clé « j'ai peur du néant » est l'une des plus grandes de l'humanité.

La « peur du néant » est l'appréhension de ne plus rien avoir après la mort, de ne plus avoir de Dieu et de n'être plus rien.

Si tu es dans une impasse avec le processus d'approfondissement et ne sais pas quelle direction suivre, écoute patiemment le client parler de ses sentiments concernant ses croyances de surface. Il se peut que le client mette un peu de temps à comprendre d'où vient sa peur et qu'il retourne à un autre moment et à un autre endroit pour la trouver.

Poursuivre l'approfondissement

Pour toutes croyances de base ou clés négatives, il peut y avoir une raison positive à laquelle le subconscient s'accroche. Le travail sur les croyances devrait toujours avoir un résultat positif, c'est pourquoi il est très important de trouver ce que le client apprend en expérimentant la croyance.

Lorsque tu trouves la croyance clé du client, demande-lui :

Praticien : « Que retires-tu de cette croyance ? »

Client : « *Tout ce que je fais échoue.* »

Praticien : « Qu'as-tu appris, réalisé ou obtenu en ayant cette croyance ? »

L'exemple ci-dessus montre comment tu peux aider un client à comprendre que, au niveau de l'âme, chaque expérience de vie a un but – même une croyance de peur.

—

N'oublie pas que les programmes de peur peuvent être transmis par les gènes ou par le niveau historique. Retirer, annuler, résoudre et remplacer les énergies selon les besoins.

—

APPROCHE D'APPROFONDISSEMENT 2 : LA RANCUNE

Il y a toujours une raison sous-jacente à la rancune. Tant que nous en voulons à quelqu'un, nous l'éloignons de nous – même s'il s'agit d'une séparation psychologique. Lorsque nous éprouvons du ressentiment, nous apprenons quelque chose de la situation ou de la personne et nous garderons ce ressentiment tant que nous en tirerons des leçons.

Nous utilisons également la rancune pour nous maintenir sur ce plan terrestre. La rancune est une forme de pensée très lourde, tout comme l'amour est une forme de pensée légère. Lorsque nous embrassons ces pensées légères, nous devenons plus éveillés. De nombreuses personnes ont quitté ce plan terrestre sans l'avoir quitté par la mort. Maintenant, nous sommes autorisés à nous rappeler que nous sommes éveillés et que nous pouvons le devenir sur ce plan, même si notre subconscient n'est peut-être pas prêt pour cette idée. Donc, pour nous maintenir en contact avec ce plan terrestre, la rancune entre en jeu. Le Créateur a dit : « Si nous arrivons à libérer notre esprit de la rancune, nous pouvons déplacer les choses sans les toucher. La rancune bloque nos capacités psychiques. »

Le sentiment de rancune t'enracinera certainement dans cette existence, mais il te protégera aussi de la chose même contre laquelle tu ressens de la rancune, si bien que le cerveau ne la relâchera pas si facilement. Par exemple, disons qu'un client en veut à son père, mais si tu retires ce programme et que tu le remplaces par le pardon, cela peut durer deux ou trois jours.

Une de mes étudiantes s'est assise dans la baignoire et a libéré tous ses ressentiments ; le lendemain, elle avait deux tailles de pantalon en moins. Une autre étudiante a fait la même chose avec des résultats similaires – mais quand j'ai tenté cela, je n'ai rien perdu. En effet, si nous n'arrivons pas à la croyance clé, qui maintient la rancune, le problème reviendra (et le poids).

—

**L'une des choses les plus importantes dans
le travail sur les croyances est
de comprendre que la croyance clé est
généralement de nature positive.**

—

Commencer l'approfondissement

Par exemple, quelqu'un a le programme suivant : « J'en veux à mon père parce qu'il me bat. »

Si tu retires et remplaces ce programme, le client peut se sentir mieux pendant deux ou trois jours, mais la seule façon de créer un changement à long terme est de découvrir ce qu'il en retire, l'aspect positif créé et en quoi la croyance lui *est utile*.

Demande au client : « Qu'as-tu appris de positif du fait que ton père te battait ? »

Il est probable que le client essaie de te contredire au sujet de ta demande, alors insiste :

- Si cette expérience avait un *résultat positif*, quel serait-il ?

- Qu'as-tu appris en étant battu par ton père ?

Le client pourrait répondre : « J'ai appris que je ne battrais jamais mes enfants. »

À ce stade de la séance, tu as affaire à des croyances à la fois négatives et positives. Apprends au client à garder la même confiance que celle qu'il a développée dans la situation négative, tout en lui donnant un téléchargement de ce que l'on ressent lorsque l'on reçoit de l'amour sans être blessé. Ensuite, tu peux tester musculairement le client pour vérifier s'il a toujours de la rancune.

Séance d'approfondissement : La rancune

L'approche suivante peut être utilisée pour la rancune et toutes les autres émotions négatives, autres que la peur.

Vianna : « Envers qui as-tu de la rancune ? »

Client : *« J'ai de la rancune contre ma mère. »*

Vianna : « Pourquoi en veux-tu à ta mère ? »

Client : « *J'en veux à ma mère parce qu'elle me battait tout le temps. Elle m'enfermait à l'intérieur et ne me laissait pas jouer dehors. J'ai grandi sans pouvoir jouer dehors. Quand j'étais enfant, je voulais danser, jouer de la musique et peindre, mais ma mère ne voulait pas payer pour ces choses-là.* »

Vianna : « Avait-elle de l'argent pour ces choses-là ? »

Client : « *Oui.* »

Vianna : « Alors, elle ne t'a jamais laissé être toi. »

Cliente : « *Oui, elle vit près de chez moi maintenant, mais j'essaie de ne pas communiquer avec elle. Elle veut apaiser sa relation avec moi, mais je préfère garder mes distances.* »

Vianna : « Ferme tes yeux. Dis-moi, qu'as-tu appris du fait qu'elle t'ait battu toutes ces années ? Quelque chose de positif que cela t'ait appris. »

Client : « *J'ai appris à tout faire à ma façon.* »

Vianna : « Qu'as-tu appris en étant enfermée derrière la fenêtre ? »

Client : « *J'ai appris à vivre seule et à faire les choses de façon autonome.* »

Vianna : « Qu'as-tu appris du fait de ne pas pouvoir suivre ta nature artistique ? »

Client : « *La seule chose que j'ai apprise de tout cela, c'est de ne pas faire la même chose à mon enfant, et je lui ai donné l'opportunité de devenir une artiste, mais elle ne le voulait pas.* »

Vianna : « Ai-je la permission de t'apprendre que tu peux suivre ton chemin sans que quelqu'un te batte ? Sans que personne ne te force à suivre un autre chemin ? »

Client : *« Oui. »*

Vianna : « Ai-je la permission de te télécharger pour que tu sois à l'aise d'être seule et avec d'autres personnes quand tu le souhaites ? »

Client : *« Oui. »*

Vianna : « Et que tu puisses trouver ton indépendance sans être enfermée ? »

Client : *« Oui. »*

Vianna : « Tu aimerais savoir comment poursuivre tes rêves sans que quelqu'un t'en empêche sans arrêt. »

Client : *« Oui. »*

Vianna : « Que tu puisses offrir à tes enfants de la musique et de l'art sans essayer de les forcer. »

Client : *« Oui. »*

Vianna : « Donne-moi ta main et fais un cercle avec ton pouce et ton index. Maintenant, je vais te faire un test musculaire pour savoir si c'est un "oui" ou un "non". Dis "oui" et dis "non". Dis : "J'ai de la rancune contre ma mère." »

Client : *« J'ai de la rancune contre ma mère ».*

(Le test musculaire donne une réponse négative.)

Vianna : « Dis : "Je peux libérer ma mère de sa responsabilité de me rendre la vie misérable." »

Client : « *Je peux libérer ma mère de sa responsabilité de me rendre la vie misérable.* »

(C'est un travail sur les rancunes, mais je n'ai pas encore fini.)

Vianna : « Aimerais-tu savoir ce qu'est censée être une vraie mère ? Ce qu'est l'amour d'une vraie mère ? La définition du Créateur de l'amour d'une vraie mère ? »

Client : « *Oui.* »

Vianna : « Aimerais-tu savoir comment, quand et qu'il est possible d'être une mère extraordinaire ? »

Client : « *Oui.* »

Vianna : « Dis : "Je peux travailler sur ma mère." »

Client : « *Je peux travailler sur ma mère* ».

(Le test musculaire donne une réponse positive.)

Vianna : « Dis : "Mon intuition me dit que ma mère travaillerait mieux avec un autre guérisseur." »

Client : « *Mon intuition me dit que ma mère travaillerait mieux avec un autre guérisseur.* »

(Elle fait un test musculaire avec une réponse négative.)

Vianna : « Je peux travailler sur ma mère sans me sentir obligée de le faire. »

Client : *« Je peux travailler sur ma mère sans me sentir obligée de le faire. »*

(Elle fait un test musculaire qui donne « Oui » comme réponse.)

Vianna : « Aimerais-tu savoir ce que c'est que de pouvoir dire non d'une bonne manière ? »

Comme vous pouvez le voir, nous avons éliminé quelques rancunes, mais s'il s'agissait d'une séance ordinaire, le travail sur les croyances avec cette cliente n'est pas terminé. J'utiliserai toutes les autres approches d'approfondissement nécessaire et je continuerai à travailler sur les croyances de la cliente en relation avec le fait d'être un guérisseur et une mère.

Poursuivre le travail d'approfondissement

Chaque croyance nous sert d'une manière ou d'une autre. À moins que tu ne découvres pourquoi la croyance sert le client, son cerveau la créera à nouveau – même après qu'elle a été libérée et remplacée par une nouvelle croyance. Trouve la raison des rancunes et change-les, afin que le client puisse aller de l'avant et supprimer définitivement les ressentiments en posant les questions :

- Qu'apprends-tu de cette croyance ?

- En quoi te sert-elle ?

- Cette croyance te garde-t-elle en sécurité ?

- En quoi ce ressentiment te sert-il ?

Exemple

Praticien : « Comment ce ressentiment te sert-il ? Qu'est-ce que tu en retires ? Qu'est-ce que tu en apprends ? »

Client : *« J'ai appris à exceller. J'ai appris à être le meilleur possible dans tout ce que je faisais pour répondre aux attentes de ma mère. »*

Exemple

Praticien : « En quoi cela t'a-t-il servi ? Qu'as-tu appris de cette expérience ? »

Client : *« J'ai appris que je ne battrais jamais mes propres enfants. J'ai appris à me faire plaisir et à être indépendante. J'ai appris qu'il est plus sûr d'être seul. »*

Praticien : « Ai-je la permission de te télécharger pour que tu puisses être indépendante sans devoir échouer ? Pour que tu puisses recevoir de l'amour et que tu sois en sécurité sans avoir besoin d'être seule ? »

APPROCHE D'APPROFONDISSEMENT 3 : MALADIE 1

La maladie peut prendre beaucoup de temps, car il est facile de devenir dépendant de son aspect dramatique. De plus, lorsque nous demandons « Créateur, combien de croyances doivent être changées ? », nous obtenons une longue liste. Mais ce que nous *devrions* demander, c'est : « Quelles croyances doivent être changées pour que cette personne aille mieux ? » Et la liste sera alors plus courte, car une fois qu'ils ont trouvé le guérisseur, ils sont peut-être prêts à guérir. Mais tout dépend de la capacité à comprendre les choses dans l'interaction client-praticien. Si le client est malade, la première chose à faire est de demander une guérison et de voir s'il va mieux.

J'ai eu une cliente qui avait un cancer dans tout le corps et qui avait subi plusieurs séances de chimio. Elle était exigeante et ambitieuse. J'ai tout de suite su que c'était une bonne guérisseuse et je lui ai demandé ce qu'elle avait fait pour guérir ce cancer. Elle est partie sur une longue liste des différentes choses qu'elle avait faites. Pendant qu'elle parlait, je suis monté et j'ai demandé : « Mon Dieu, de quoi a-t-elle besoin ? »

On m'a dit qu'elle avait besoin d'un petit travail sur les croyances. Lorsque j'essayais de lui envoyer un soin, l'énergie sortait de son corps et n'avait aucun effet. Cette réponse m'a révélé qu'elle avait le cœur brisé, alors je lui ai fait faire l'exercice du chant du cœur (que je partage dans *ThetaHealing avancé*) et je lui ai dit de le faire avant que l'on puisse retravailler ensemble.

Après cela, elle a changé. Je m'attendais à une longue liste, mais elle avait juste le cœur brisé.

—

**Découvre quand et pourquoi
la maladie a été créée.**

—

Le travail d'approfondissement

Utilise le processus suivant pour découvrir la croyance clé :

1. Découvre pourquoi et quand la maladie a été créée.

2. Découvre quels sont les problèmes et commence à creuser en utilisant les deux premières techniques d'approche.

3. Demande au client quand la maladie a commencé. Si le client ne le sait pas, connecte-toi et demande au Créateur de t'inspirer.

4. Demande-lui ce qui se passait dans sa vie lorsque la maladie a commencé. Ensuite, creuse plus profondément pour résoudre le problème.

Pose les questions suivantes pour découvrir pourquoi la maladie a été créée et pourquoi la personne est tombée malade.

- Quand es-tu tombé(e) malade ?

- Quand la maladie a-t-elle commencé ?

- Que se passait-il dans ta vie lorsque tu es tombé(e) malade ?

Exemple

Un bon exemple de la façon dont une maladie peut apporter des aspects positifs dans la vie de quelqu'un est montré par l'histoire suivante.

Une femme marchait sur la route et a été heurtée par un bus, qui lui a laissé des os cassés nécessitant une opération. Lorsqu'on l'a opérée, on a découvert qu'elle avait un cancer. Avec ses os cassés, elle a commencé un traitement contre le cancer, mais rien ne marchait. Après sa sortie de l'hôpital, elle a travaillé avec de nombreux autres ThetaHealers, ainsi qu'avec d'autres modalités, avant de venir me voir. Les médecins l'avaient abandonnée et elle s'est assise devant moi en disant : « Personne ne peut m'aider. Qu'est-ce que je fais ? »

Dans cette situation, je dois trouver ce qu'il se passait lorsque la maladie a commencé.

Vianna : « Quand est-ce que ton cancer a commencé ? »

Femme : *« Je ne sais pas quand j'ai commencé à avoir le cancer. »*

(Lorsque j'ai demandé au Créateur, il m'a dit qu'elle l'avait depuis sept ans.)

Vianna : « Que se passait-il dans ta vie il y a sept ans ? »

Au début, lorsque je lui ai demandé ce qui se passait dans sa vie sept ans plus tôt, elle ne se rappelait rien. Pour commencer, elle m'a dit que tout allait bien à cette période-là. C'est à ce moment-là que tu dois dire au client de rentrer à la maison et de réfléchir sur tout ce qui a pu se passer dans sa vie lorsque la maladie a commencé. Elle est rentrée chez elle, a trouvé son journal et a écrit tout ce qui s'était passé dans sa vie à ce moment-là. Le lendemain, nous avons de nouveau discuté.

Elle m'a dit que sept ans plus tôt, elle était encore mariée et que son mari avait ramené sa mère à la maison, qui avait besoin de beaucoup de soins. La mère était très méchante avec elle, alors elle est allée voir son mari et lui a lancé un ultimatum : « C'est moi ou ta mère. » C'est généralement une mauvaise idée, car qui a-t-il choisi ? Exactement : sa mère. Alors, elle a dit à son mari : « Je te quitte » et elle est partie. Maintenant que son mariage était fini, ses enfants étaient en colère contre elle. Après avoir passé toute sa vie d'adulte avec son mari et ses enfants, elle n'avait plus aucun soutien financier (ou émotionnel) autre qu'elle-même.

Vianna : « Que s'est-il passé de bien dans ta vie depuis que tu as le cancer ? »

Femme : « *Lorsque mon mari et mes enfants ont appris que j'avais un cancer, je me suis remise avec mon mari et j'ai renoué avec mes enfants. Même ma belle-mère m'a parlé et m'a traitée avec courtoisie* ».

Pensez-vous qu'elle renonce au cancer qui a pu être créé par le stress de l'emménagement de sa belle-mère et le manque d'amour de son mari et de ses enfants ? Elle avait tout perdu, et maintenant, à cause du cancer, sa vie lui a été rendue.

Vianna : « Ton mari va-t-il rester avec toi si tu te remets du cancer ? »

Femme : « *Non, il ne restera pas.* »

Les vrais problèmes n'avaient pas été abordés et elle allait rester malade aussi longtemps que possible, alors j'ai commencé à faire un travail sur les croyances :

« On peut m'aimer. »

« Je peux être aimée sans être malade. »

« Je peux être forte sans être malade. »

« Ma famille m'aimera sans que je doive être malade. »

Nous n'avons pas travaillé sur le cancer lui-même, mais sur le fait qu'elle pouvait être aimée sans le cancer. Après avoir travaillé sur ces questions, nous avons fait une guérison sur le cancer. Au bout de deux ou trois semaines, elle m'a appelée pour me dire que le cancer était en rémission.

Le travail sur les croyances que j'ai fait avec elle n'était pas spécifiquement sur le cancer lui-même, mais sur les programmes suivants :

« On peut m'aimer sans que je doive être malade. »

« Mon mari restera avec moi si je suis malade. »

« Je dois être malade pour rester avec ma famille. »

APPROCHE D'APPROFONDISSEMENT 4 : LA MALADIE 2

Découvre comment la maladie sert le client. Demande au client de se projeter dans l'avenir et demande-lui ce qui se passerait si la maladie disparaissait et qu'il se rétablissait. Comment réagirait-il à cette nouvelle situation ?

Un exemple est celui d'un client qui souffrait de diabète. Je lui ai demandé comment il gérerait le fait d'être complètement rétabli à l'avenir. Je lui ai posé cette question parce que je savais que le diabète avait commencé lorsqu'il était adolescent, alors il pouvait se souvenir de ce que c'était que d'être en bonne santé

Il m'a dit que s'il n'était pas diabétique, il deviendrait plus actif physiquement et quitterait la ville pour être avec ses amis. Alors qu'il imaginait cet avenir, son visage a changé et a pris une énergie de santé avant de se transformer en un regard d'horreur.

Il a dit : « Si je retrouve la santé, ma femme me quittera parce qu'elle n'aime pas mes amis et n'aime pas faire des activités de plein air. Elle aime la vie citadine et mon diabète est la seule chose que nous avons en commun. Elle m'aide à en prendre soin. Si je vais bien, elle me quittera ou je la quitterai. »

Je lui ai ensuite demandé s'il voulait changer quelques petites choses pour pouvoir partager ses intérêts et son amour de la nature avec sa femme. Mais au lieu d'être ouvert au changement, il a refusé et a mis un terme à la séance.

Parfois, les gens ont plus peur de se sentir bien que d'être malades. Par exemple, ils peuvent avoir peur de perdre leurs prestations médicales et de devoir à nouveau travailler. Découvre la véritable motivation du client derrière sa maladie. Change cette croyance pour que le client soit motivé à se rétablir complètement.

Commencer l'approfondissement

Pour savoir pourquoi une personne est malade, demande-lui :

- Que t'arrivera-t-il si tu guéris ?

- Que se passerait-il si tu étais complètement guéri ?

- Comment la maladie t'a-t-elle servi et qu'est-ce que tu en as retiré de positif ?

- Quelle est la meilleure chose qui te soit arrivée à cause de ta maladie ?

- Qu'as-tu appris de ta maladie ?

Mais comment quelqu'un peut-il devenir en bonne santé s'il ne se concentre pas sur son mieux-être ?

L'échange suivant avec un homme qui est venu me voir avec le VIH en est un bon exemple.

> **Vianna :** « Bon, alors tu as le VIH. Que se passerait-il si tu allais mieux ? »

> **L'homme :** « *Oh, je ne veux pas aller mieux. Je veux juste que tu réduises ma charge virale. Je ne veux pas que ça s'arrête, parce que si ça s'arrête, je vais perdre mon père et ma famille.* »

> **Vianna :** « Quoi ? »

> **L'homme :** « *Mon père détestait que je sois homosexuel et m'a renié. Mais maintenant que j'ai le VIH, il fait à nouveau partie de ma vie. Je mange mieux, je prends plus soin de moi et j'ai de nouveau une famille.* »

Vianna : « Aimerais-tu savoir que tu peux avoir tout cela sans le VIH ? »

L'homme : *« Non, je ne veux pas être bien. Je veux seulement diminuer ma charge virale, pour que ça ne se transforme pas en sida. »*

Vianna : « N'aimerais-tu pas savoir que ton père pourrait t'aimer sans que tu sois malade ? »

L'homme : *« Non, je connais mon père. C'est ce que je veux. »*

Cet échange m'a permis de comprendre pourquoi il s'accrochait au VIH. L'amour de son père était plus important. Alors, j'ai fait ce qu'il m'a demandé et j'ai fait une guérison sur sa charge virale.

Lorsque je demande à mes clientes : « Quelle bonne chose vous est arrivée depuis que vous avez développé un cancer du sein ? », la plupart me répondent : « Ma famille s'est réunie. » Ces énergies positives s'accrochent à la maladie, ceci, parce que nous sommes des étincelles de Dieu. Nous créons des choses dans un but précis.

La liste courte et la liste longue

Chaque personne a une longue liste de choses à faire pour guérir. Une longue liste peut être insurmontable, il est donc préférable de commencer par une liste plus courte. La liste longue concerne toute la vie de la personne à tous les niveaux, et la liste courte est axée sur la maladie. Il faut d'abord guérir les problèmes à court terme, puis travailler sur leur santé à long terme, et ni vous, ni le client ne vous sentirez submergés.

Il convient également de noter que certains guérisseurs *tentent de faire* vivre leurs clients parce qu'ils sont attachés à eux. Si le client va mieux, tu seras toujours attaché à lui. Si le client va dans une autre dimension, tu y seras toujours attaché. Et n'oublie pas que tous les malades ne sont pas aussi agréables. Les gens méchants aussi tombent malades.

Si tu penses que ton client est malade et qu'il a besoin de toi, souviens-toi qu'il est malade et qu'il a besoin du Créateur. Tu es le témoin. La pression de se sentir le dernier espoir d'un client peut être difficile à gérer. Tu pourrais finir par te sentir émotionnellement impliqué et par implorer Dieu : « Pitié pour Dieu, pitié pour Dieu, aide cette personne. »

APPROCHE D'APPROFONDISSEMENT 5 : MANIFESTER

Cette approche utilise l'approfondissement pour libérer l'esprit du client afin qu'il puisse manifester ses rêves. Creuser pour créer une manifestation, c'est se concentrer sur ce qui se passera à l'avenir une fois que le client aura obtenu ce qu'il veut. Cela signifie qu'il faut dire au client d'imaginer ce que ce serait d'avoir ce qu'il veut.

Manifester de l'abondance ne consiste pas simplement à demander la richesse matérielle, car l'univers sait que l'argent est fait de papier, et le subconscient aussi. Manifeste plutôt pour ce que tu *ferais* avec l'argent et laisse l'univers remplir les blancs.

La liste d'objectifs

Si nous ne créons pas une liste d'objectifs chaque année pour maintenir l'âme concentrée, nous créons des problèmes des plus étranges pour nous divertir – car sans défis, nous nous ennuyons. J'ai observé cela chez beaucoup de mes étudiants, ainsi que chez moi-même. Si nous ne manifestons pas dans tous les domaines de notre vie, l'univers comblera les vides à notre place.

C'est pourquoi il est si important de donner à l'univers une liste continue de manifestations qui te sont bénéfiques au lieu qu'il crée des choses contre toi. Si tu dis : « Tout est parfait dans ma vie, je ne veux rien », l'univers créera quelque chose à ta place – et ce sera peut-être quelque chose que tu ne veux pas. Par exemple, si tu veux une nouvelle pierre précieuse, tu peux dire : « J'ai besoin de 15 000 dollars pour acheter une nouvelle pierre précieuse. » Cependant, c'est *la pierre précieuse dont tu as besoin*, pas l'argent, et c'est pour cela que tu manifestes. Ainsi, lorsque quelqu'un te donne une pierre précieuse – parce qu'elle prend trop de place dans sa maison et qu'il sait que tu l'apprécies – il se trouve que le cristal vaut 15 dollars. Tu serais surpris de la fréquence à laquelle cela se produit.

Le problème quand on manifeste pour une seule chose à la fois est que les guérisseurs sont très intuitifs, et s'ils ont une liste, le subconscient la traitera comme une « liste de commissions » et cochera les demandes une par une pour qu'elles se produisent. Si la seule chose sur laquelle ton subconscient peut travailler est la sécurité financière, il peut lui falloir toute une vie pour atteindre ce seul objectif. Il est donc préférable de manifester pour au moins dix choses à la fois.

Synchronisation avec le timing divin

Il y a de nombreuses années, je ne me manifestais pas comme j'aurais dû, alors j'ai décidé de manifester quelque chose pour que l'univers ne remplisse pas les blancs. J'ai décidé que je voulais un endroit où je pourrais cultiver des légumes bio pour mes cours et je suis allée manifester 10 hectares de terre. En une semaine, le père de mon mari nous a donné une ferme de 250 hectares. Au début, c'était un peu trop pour moi, car l'endroit avait besoin de beaucoup d'aménagements et il m'a fallu un certain temps avant de pouvoir commencer à cultiver des légumes bio !

Je me suis demandé : « Alors, maintenant que j'ai une ferme, qu'est-ce que je vais en faire ? » Au début, la ferme servait de lieu d'hivernage pour les vaches, mais je n'étais pas douée avec les vaches, alors j'ai décidé d'élever des chevaux.

J'avais envie d'élever des chevaux Frison depuis que j'avais vu le film *Lady and the Hawk* – le cheval noir Frison du film était si majestueux et si tendre ! La lignée frisonne vient des Pays-Bas et a été dressée à l'origine pour transporter des chevaliers au combat. Mais comme le besoin de chevaliers est devenu obsolète, ce cheval a été utilisé pour le dressage, la traction et le tir à l'arc. Mon désir de posséder un Frison n'était pas très précis : je savais que j'en voulais un, mais ce désir n'était pas encore en relation avec le reste de ma vie. Cependant, je savais que j'étais plus apte à regarder les chevaux qu'à en prendre soin, et je savais que j'aurais besoin de quelqu'un pour s'en occuper à ma place. Je suis donc allée sur Internet pour acheter une jument frisonne et, lorsque j'en ai trouvé une qui me plaisait, j'ai demandé plus d'informations au Créateur à son sujet et on m'a dit : « Si ce cheval reste là où il est, il mourra. »

Dans toute conversation avec le Créateur, il est toujours préférable de poser un large éventail de questions, comme « Puis-je sauver ce cheval ou va-t-il mourir de toute façon ? » Mais je n'ai pas posé cette question importante et j'ai acheté le cheval, pour pouvoir le sauver. J'ai fait venir la jument de Californie à la ferme et environ deux semaines plus tard, elle est morte. Quand j'ai reçu le message de ma fille, son ton m'a d'abord effrayé, parce qu'elle faisait comme si quelqu'un de la famille était mort. Sa nouvelle m'a rendue triste, mais j'ai été très soulagée d'apprendre que c'était le cheval, et non un de mes enfants.

J'ai demandé : « Mon Dieu, pourquoi ce cheval est-il mort ? »

Dieu a dit : « Vianna, tu n'as pas écouté le message. Si tu achètes un cheval mort, tu auras un cheval mort. Les céréales qu'on lui a données en Californie l'ont rendu malade. » (Je n'aurais pas fait cette expérience si j'avais écouté ce qu'on m'avait dit.)

Le vétérinaire est venu et a testé la jument pour trouver la cause du décès et, bien sûr, des traces d'ergot (céréales moisies) ont été trouvées dans ses tissus. Ce type de moisissure est un problème en Californie et était probablement dû à l'humidité qui s'était infiltrée dans l'unité de stockage des céréales. Ce type de moisissure est mortel pour une jument en gestation et le vétérinaire a estimé qu'elle avait été nourrie avec des aliments empoisonnés pendant un certain temps.

L'assurance a couvert le coût du cheval et, non découragée, mais beaucoup plus sage, j'ai décidé de manifester à nouveau le même désir selon un critère beaucoup plus strict. Comme j'avais perdu un cheval, j'ai décidé de manifester deux chevaux et j'ai trouvé deux Frisons de Caroline. Mais cette fois-ci, j'ai manifesté sous les auspices du ThetaHealing en tant que modèles pour le séminaire animaux que j'enseigne. Cela signifie qu'il devait y avoir une corrélation directe entre les chevaux et le ThetaHealing pour que cela fonctionne pour moi. L'autre changement que j'ai apporté a été d'élever des chevaux Frison de haut rang pour aider à sauver la race.

C'est aussi pourquoi il est très important de connaître ton **timing divin** et de relier les manifestations avec lui, et non contre lui. Si ton timing divin doit influencer un million de personnes et que tu manifestes ton désir de vivre seul sur une île déserte, il est fort probable que tu ne l'obtiennes pas. Mais si l'île déserte est utilisée pour influencer ce million de personnes, alors tu pourrais bien réaliser ton souhait.

—

Tu peux tout manifester, tant que c'est en synchronisation avec ton timing divin.

—

Âmes sœurs et centres de guérison

Lorsque tu manifestes, imagine ce que tu ressens lorsque tu as ce que tu désires et, une fois que tu reçois ce que tu as manifesté, prends-en la responsabilité. En d'autres termes, si tu achètes un cheval, tu dois en prendre soin et, si tu manifestes une âme sœur, tu devras vivre avec elle.

Les gens disent souvent qu'ils veulent manifester une âme sœur, mais ce qu'ils *veulent* en fait, c'est une âme sœur *compatible*. Après tout, la plupart d'entre nous ne veulent pas d'un compagnon que nous pouvons simplement commander et sortir du placard quand nous en avons besoin. Nous voulons quelqu'un avec un cerveau, et ce n'est pas facile – et les guérisseurs, en particulier, n'aiment pas que les choses soient faciles. Cependant, il est parfois préférable de manifester une âme sœur compatible au moment où tu es prêt à lui permettre de devenir un partenaire de timing divin. Et si tu veux un partenaire de timing divin, tu dois d'abord demander *si* la personne est prête pour toi et si tu es prêt pour elle. J'ai rêvé de Guy pendant dix ans avant de le rencontrer. Si je l'avais rencontré plus tôt, nous ne nous serions pas si bien entendus. Cela n'a fonctionné que parce que nous étions tous les deux prêts à nous rencontrer.

Pour dire les choses simplement, tu dois comprendre que lorsque tu fais une manifestation, il se peut que tu l'obtiennes. Si ton subconscient ressent que le fait de recevoir la manifestation apportera trop de danger, trop de stress ou que c'est simplement trop pour toi, il empêchera la manifestation de se produire. C'est également la raison pour laquelle il est important de travailler sur les potentielles raisons qui font que ton subconscient bloque la manifestation.

—

Demande-toi toujours : « Que pourrait-il se passer si j'obtenais cette manifestation ? »

—

Par exemple, de nombreux guérisseurs veulent manifester un centre de guérison. Quand j'entends cela, j'ai l'habitude de dire : « Vous êtes fou ? Voulez-vous vraiment travailler dans un centre de guérison avec d'autres guérisseurs ? »

Après tout, un centre de guérison semble être l'environnement idéal, mais le mélange des personnalités des guérisseurs diffère dans la réalité – et la concurrence est toujours un élément à prendre en compte. Donc, si la manifestation d'un centre de guérison est sur ta liste, je recommande également de manifester des guérisseurs qui ont une morale, de l'intégrité, et qui sont capables de travailler ensemble, ainsi qu'un bon comptable.

Peut-être voudrais-tu te manifester comme guérisseur qui a réussi, mais le veux-tu vraiment ? Pense à ce qui arriverait si tu avais six rendez-vous par jour et que chacun de tes clients guérissait. Le lendemain, tu aurais 50 appels. Et si chacune de ces 50 personnes guérissait aussi ? À la fin de la semaine, tu pourrais avoir 1000 personnes qui demandent à être guéries. Que se passerait-il si 1000 personnes demandaient à être guéries ? Et si tu parvenais à les guérir, 10 000 d'entre elles te demanderaient de les guérir, en pleurant, malades, et en criant pour qu'on les guérisse. À un moment donné, devenir un bon guérisseur peut se transformer en une expérience bouleversante, c'est pourquoi les guérisseurs ne veulent que quelques personnes à la fois.

Et si tes clients ne vont pas mieux, tu dois apprendre à être un meilleur guérisseur. Pour être un meilleur guérisseur, tu dois comprendre que Dieu est le guérisseur et trouver la croyance du client, mais sache aussi que tu ne peux pas faire guérir quelqu'un s'il ne le veut pas. Il est important de dire à tes clients que tu peux travailler avec eux, mais que le Créateur est le guérisseur. Afin de te manifester comme meilleur guérisseur, libère les peurs, les doutes et les incrédulités qui y sont associés. Comprends que tu dois être gentil, prévenant et ne pas porter de jugement.

Si tu te manifestes comme un meilleur guérisseur et que tu n'as pas les bonnes capacités, l'univers t'apportera des situations pour te les enseigner, car toutes les manifestations ont des conséquences qui leur sont associées.

Commencer l'approfondissement

Demande au client de visualiser ce qu'il ferait de sa vie s'il avait beaucoup d'argent – plus qu'il ne pourrait jamais en dépenser. Ensuite, demande au client de préciser la situation en lui posant les questions suivantes, pendant qu'il visualise le résultat :

- Où es-tu ?

- Comment te sens-tu ?

- Qui est avec toi ?

- Comment ta famille/tes amis/ton âme sœur réagissent-ils à cette abondance ?

Poursuivre le travail d'approfondissement

Découvre les éléments qui rendent le client mal à l'aise dans sa visualisation et commence à creuser plus profondément pour résoudre les problèmes qui pourraient l'empêcher de créer de l'abondance.

Pose des questions pour identifier les problèmes et encourage le client à visualiser qu'il a toute l'abondance qu'il a toujours voulue. Demande au client de visualiser :

- Que ferais-tu si tu avais tout l'argent que tu as toujours voulu ?

- Où serais-tu si tu avais tout l'argent que tu as toujours voulu ?

- Comment te sens-tu avec tout l'argent que tu as toujours voulu ?

- Où vivrais-tu ?

- Qui est avec toi ? À quoi ressemblent-ils ?

- Y a-t-il une personne importante dans ta vie et, si c'est le cas, comment ta famille et tes amis réagissent-ils à tout cet argent ?

- Comment ta famille et vos amis réagissent-ils à ta manifestation ?

- Quelle(s) personne(s) de ta vie t'en voudrai(en)t si tu réussissais ?

- Que te diraient-ils ?

- Qu'est-ce qui pourrait mal tourner si tu avais tout ce que tu veux ?

- Quelle est la meilleure chose qui arriverait si tu avais tout ce que tu veux ?

APPROCHE D'APPROFONDISSEMENT 6 : GÉNÉTIQUE

Lors du test musculaire de croyances, il arrive que le client n'ait pas conscience de certains des programmes qui se présentent. Lorsque cela se produit, le client peut devenir confus, ce qui rend difficile la poursuite de l'approfondissement. Ce scénario est susceptible de se produire lorsque les croyances sont de nature génétique – transmises par l'ADN de leurs ancêtres (*voir aussi page 42*). Par exemple, le client peut avoir des préjugés, de la colère ou du ressentiment à l'égard de certaines personnes. Les croyances de l'ancêtre peuvent également être dépassées et ne pas lui servir dans sa vie actuelle.

Ancêtres

Si tu ne trouves pas les réponses à la question « D'où vient la croyance ? », alors il est temps de chercher chez les ancêtres du client et de lui poser la question :

- Comment étaient-ils ?

- Quelles étaient leurs croyances et dans quelle mesure celles-ci les affectaient ?

- De quels types d'énergie ont-ils hérité ?

Une fois, j'ai pris en charge un cours d'anatomie intuitive que donnait mon fils (en raison d'une urgence). Il n'y avait que dix élèves et je n'avais pas enseigné à une si petite classe depuis de nombreuses années, et encore moins une classe de base. Tu sais, plus la classe est petite, plus les gens posent de questions. Bien que cela soit normal, cela signifie aussi que les élèves peuvent te décharger de ton rôle et se donner l'occasion de se mettre en avant – ainsi que d'autres comportements qui ne sont pas propices à un environnement d'apprentissage.

Le temps était venu de faire une démonstration de travail sur les croyances, et l'un des étudiants, un jeune Britannique, un Capricorne de 21 ans, semblait penser qu'il *savait tout* et refusait de faire un travail sur les croyances parce qu'il pensait être parfait. Après la première semaine et après avoir travaillé avec lui dans des séances de travail sur les croyances, le reste des étudiants devenaient très frustrés par rapport à lui.

S'il s'est empressé de souligner les défauts des autres, il pensait qu'il n'en avait pas lui-même. Les autres étudiants savaient qu'il avait beaucoup de problèmes, mais il ne voulait travailler sur aucun d'entre eux. Il est devenu évident que, pour le sauver du reste de la classe (qui complotait), je devais le prendre et travailler avec lui devant la classe :

Vianna : « Faisons un travail sur les croyances. »

Élève : « *Je vais parfaitement bien, tout va parfaitement bien dans ma vie et je n'ai pas besoin de travail sur les croyances.* »

Vianna : « Bien, alors travaillons plutôt sur ton père et tu pourras alors dire si tu as hérité de programmes génétiques de sa part – mais bien entendu, tu as seulement hérité ces programmes, tu ne les as pas vraiment. Si nous pouvons les changer en toi, ils peuvent changer en lui, s'il l'accepte. »

(Il est devenu très motivé.)

Élève : « *J'aimerais beaucoup travailler là-dessus.* »

Vianna : « Bien, sur quoi aimerais-tu travailler ? »

Élève : « *Mon père, tu ne peux rien lui dire ! Il sait tout. Il n'écoute jamais personne d'autre, il pense qu'il est parfait et n'écoute rien de ce que je dis. Il veut que je sois avocat, mais je veux être musicien et il est impossible de communiquer avec lui. J'aimerais changer cela à son sujet.* »

(À ce stade, les autres élèves ont levé les sourcils.)

Vianna : « Pourquoi penses-tu que ton père est comme ça ? »

Élève : « *Il était plus âgé que ma mère quand ils se sont mariés. Mon père était prisonnier de guerre et le seul membre de son unité à avoir survécu à sa capture. Il a appris que la seule personne sur laquelle il pouvait compter pour rester en vie, c'était lui-même.* »

Vianna : « Voudrais-tu savoir qu'il est sûr d'écouter les opinions des autres et que tu peux prendre tes propres décisions ? Qu'il est sûr d'écouter et sûr d'être en vie ? »

(Après ces téléchargements, il a commencé à travailler avec d'autres élèves de la classe.)

Plus tard, il m'a appelé et m'a dit : « Vianna, le travail que nous avons fait en classe a vraiment marché ! Mon père m'écoute et me laisse retourner à l'école pour être musicien au lieu d'avocat. Merci d'avoir changé ma vie. »

C'est un bon exemple de la façon dont les programmes ancestraux peuvent affecter nos vies et qu'il y a toujours quelque chose sur quoi nous pouvons travailler.

Commencer l'approfondissement

La façon de commencer le travail ancestral est de commencer par les parents du client. La meilleure façon de voir nos parents est d'avoir un peu de compassion pour eux, car on ne leur a pas appris à être parents

Pose des questions :

- quoi ressemble ta famille ?

- Quelles sont leurs convictions ?

- D'où viennent-ils ?

- Qu'est-il arrivé à ta mère, à ton père ou à leurs parents ?

Dans certains cas, le client n'aura pas de renseignements directs sur ses ancêtres et c'est là que ton intuition entre en jeu. Tu vas devoir demander au client de toucher sa peau et d'aller chercher à l'intérieur de lui-même pour voir ce qui se passe au niveau des croyances.

Chaque fois que tu fais un travail sur les croyances profondes, ton client va changer au niveau génétique – parfois même dans sa prédisposition génétique. Il est évident que les tendances génétiques sont maintenant bien établies en médecine, mais des tests scientifiques récents suggèrent fortement que les personnes ayant vécu une expérience traumatisante peuvent aussi avoir transmis un traumatisme à leurs enfants, à leurs enfants et ainsi de suite.

La recherche dirigée par Rachel Yehuda concerne l'étude génétique de 32 hommes et femmes juifs qui ont été soit enfermés dans un camp de concentration nazi, soit témoins ou victimes de tortures, ou qui ont dû se cacher pendant la Seconde Guerre mondiale. Les chercheurs ont également analysé les gènes de leurs enfants, qui sont connus pour avoir une probabilité accrue de troubles liés au stress par rapport aux familles juives ayant vécu hors d'Europe pendant la guerre. « Les changements génétiques chez les enfants ne peuvent être attribués qu'à l'exposition des parents à l'Holocauste », a déclaré Yehuda.[3]

Le travail de son équipe est l'exemple le plus clair chez l'homme de la transmission d'un traumatisme à un enfant par ce que l'on appelle « l'héritage épigénétique » – l'idée que les influences environnementales telles que le tabagisme, l'alimentation et le stress peuvent affecter les gènes des enfants, et peut-être même des petits-enfants.

L'étude de l'épigénétique reste controversée, car la convention scientifique stipule que les gènes contenus dans l'ADN sont le seul moyen de transmettre des informations biologiques entre les générations.

Cependant, nos gènes sont constamment modifiés par l'environnement par des marqueurs chimiques qui s'attachent à notre ADN et activent ou désactivent les gènes. Des études récentes suggèrent que certaines de ces empreintes pourraient d'une manière ou d'une autre être transmises de génération en génération – ce qui signifie que notre environnement pourrait également avoir un impact sur la santé de nos enfants.

Les chercheurs se sont intéressés plus particulièrement à une partie d'un gène associé à la régulation des hormones du stress, dont on sait qu'il est affecté par les traumatismes. « Il est logique d'examiner ce gène, a déclaré Yehuda. S'il y a un effet de transmission du traumatisme[4], ce sera dans un gène lié au stress qui façonne la manière dont nous faisons face à notre environnement. » [3]

Poursuivre le travail d'approfondissement

Si le client dit que c'est mal de se soigner soi-même, il s'agit probablement d'une croyance ancestrale. Les serments, vœux ou engagements passés – comme être modeste et pauvre pour se rapprocher du Créateur – ne sont presque jamais utiles dans la vie moderne et doivent être modifiés afin d'aider le client à guérir.

Exemple

Praticien : « Pourquoi ne peux-tu pas guérir ? »

Client : « *Je ne peux pas me guérir moi-même, car se guérir signifie que je suis égoïste.* »

Pose les questions suivantes et continue à creuser pour identifier le problème génétique en demandant au client si une certaine croyance est celle de sa mère, de son père ou d'un de ses ancêtres

- Est-ce la croyance de ta mère ?

- Est-ce la croyance de ton père ?

- Est-ce la croyance d'un ancêtre ?

- Si tu pouvais travailler sur ton père ou ta mère, sur quelle croyance voudrais-tu travailler ?

- Comment cela les a-t-il servis et qu'en ont-ils tiré ?

- Ont-ils appris tout ce qu'il fallait leur enseigner ?

Si le client répond « oui » à un test énergétique, télécharge-lui que « c'est terminé » et le sentiment qu'il peut aller de l'avant.

—

**N'oublie pas que toutes les croyances
ancestrales n'ont pas besoin d'être modifiées,
car beaucoup – comme la ténacité, l'humour et
la persévérance, par exemple – sont bénéfiques.**

—

APPROCHE D'APPROFONDISSEMENT 7 : NIVEAU HISTORIQUE

Lorsque nous apprenons à entrer en état Thêta, nos sens psychiques s'ouvrent et nous pouvons aussi faire l'expérience de souvenirs de vies passées. En tant que praticien, il faut en être conscient afin de pouvoir guider le client dans cette étape délicate. Si le client devient trop accaparé par ses souvenirs, il lui sera difficile de comprendre ce qui compte vraiment et d'aller de l'avant.

C'est pourquoi, lorsque des croyances historiques font surface lors d'une séance de travail sur les croyances, tu dois tester musculairement le client pour vérifier que cette vie passée est *terminée*. S'il obtient un « oui », tu peux lui télécharger que ces problèmes sont résolus. Si le client répond « non » au test énergétique, tu dois lui demander ce qu'il a appris de sa vie passée.

En général, seul un dixième des clients devra travailler à ce niveau. En fait, la plupart des personnes qui viennent aux cours de ThetaHealing ont déjà obtenu leur diplôme grâce à l'énergie du troisième plan et leurs vies passées sont résolues, mais cela ne les empêche pas de se souvenir d'elles.

Lorsqu'il s'agit de croyances au niveau historique, les premières vies passées dont on se souvient sont aussi généralement les plus tragiques. Dans les lectures, tu découvriras que les gens parlent toujours de leurs difficultés en premier, et que rester coincé dans une vie passée peut causer un réel problème dans le travail sur les croyances. Il est facile de se laisser submerger par les énergies des vies antérieures, à moins de tirer le meilleur de ces expériences et de continuer à vivre. Notre objectif devrait être d'aider cette planète à se réveiller dans l'ici et maintenant.

—

S'il est bénéfique de se souvenir d'un autre temps et lieu, tant mieux, mais beaucoup de médiums doués se laissent absorber par le passé.

—

J'avais 31 ans lorsque j'ai eu ma deuxième grande expérience de vie passée pendant un **travail de libération**. C'était un souvenir si fort que la table de massage sur laquelle j'étais allongée s'est cassée – elle s'est cassée en deux sans raison. Ce souvenir était très précis : j'étais une grande prêtresse égyptienne et on m'avait arraché le cœur. J'ai été rongée par le souvenir de cette époque et j'ai passé un an à essayer de me souvenir davantage et à résoudre des problèmes. J'apprécie maintenant la chance que j'ai eue de ne pas être complètement accaparée par ce souvenir.

Au début, ce que je me suis souvenu de ma première expérience de vie passée, c'est que les gens qui vous aiment vous trahissent. Mais lorsque j'ai demandé à Dieu ce qu'il en était de ma vie, il m'a répondu : « Tu dois changer cette croyance, et non, ce n'est pas ce que tu as appris. » Ensuite, le Créateur m'a montré les vertus que j'avais apprises dans cette vie ; c'était l'une des deux vies dont j'ai tiré de nombreuses vertus que je porte de vie en vie.

D'autres médiums que je connais n'ont pas eu cette chance. Par exemple, une voyante que je connais s'est souvenue qu'elle était le chef Nuage rouge dans une vie antérieure. Elle était tellement obsédée par ce souvenir que cela a affecté sa stabilité mentale et elle s'est retrouvée en prison pour avoir dit aux gens qu'elle était le chef Nuage rouge. N'oublie pas que les raisons des souvenirs des vies antérieures sont nombreuses ; elles peuvent venir de la génétique ou d'autres influences.

Certaines personnes accumulent ces essences et portent des croyances de vies antérieures, comme un **vœu de pauvreté**. En tant que praticien, tu peux simplement te connecter et demander que ces souvenirs soient terminés. Cependant, à un certain niveau, le serment a été fait pour une raison et tenter de l'effacer ne servira à rien puisqu'il se réinstallera de lui-même. Mais si tu reconnais que l'expérience de la vie passée était valable, alors l'énergie du serment peut être transformée ou transférée dans la vie présente en tant que vie achevée. Tu peux alors tester l'énergie du client pour voir si le serment ou le vœu est accompli. Si le client se souvient de quelque chose avec clarté, tu peux lui demander ce qu'il a appris de cette vie.

Parfois, les médiums utilisent les vies antérieures comme prétexte pour éviter de traiter le problème sous-jacent.

Lorsqu'un client commence à parler de ses vies antérieures, certains guérisseurs utilisent l'excuse « je serai tué pour avoir été guérisseur » pour progresser en tant que guérisseur. Cela est vrai pour la plupart des guérisseurs du passé et peut nous faire craindre davantage le succès et la publicité que l'échec. Mais c'est aussi la raison pour laquelle nous devrions chercher à résoudre ces programmes – parce que c'est notre mission, la raison pour laquelle nous sommes venus ici.

Dans chaque vie, nous obtenons des vertus différentes ; cependant, il y a généralement deux ou trois vies où nous obtenons plus de vertus que les autres. Ce sont celles dont nous nous souvenons le plus et que j'appelle les « vies de diplômés ». En tant que maîtres dans cette existence, nous essayons de nous souvenir de toutes les vertus que nous avons atteintes et maîtrisées, en nous rappelant que les vertus sont les vibrations de la pensée les plus élevées. J'énumère les vertus qui sont nécessaires pour être un bon guérisseur dans *les plans de l'existence.*

Croyances de vies passées

En réalité, nous avons tous le droit de naissance de demander au Créateur des guérisons. Mais si nous avons certaines vertus, les guérisons seront plus conséquentes. L'une des vertus nécessaires à la guérison est la gentillesse. Lorsque le maître se souvient de la vertu de la gentillesse, la vie durant laquelle une personne a maîtrisé la vertu de la gentillesse lui viendra à l'esprit.

Comme je l'ai décrit plus tôt dans le livre, il existe quatre niveaux de croyances chez un individu :

- Base

- Génétique

- Historique

- Âme

Certaines des croyances inhérentes au niveau historique comprennent les croyances des vies passées et les croyances de la conscience de groupe.

Le niveau historique possède des mémoires énergétiques qui font de nous ce que nous sommes et nous aident à grandir. Cependant, certaines de ces expériences peuvent être de nature négative et ces énergies doivent être résolues. Dans ce cas, tu devras être témoin du traumatisme et du drame du client et résoudre ces énergies émotionnelles en les envoyant à la lumière de Dieu – tout en aidant le client à voir les enseignements du souvenir.

Par exemple, disons que quelqu'un a été brûlé sur le bûcher pour avoir été guérisseur, dans une vie antérieure. Maintenant, cette personne se sent attaquée en tant que guérisseuse, car elle recrée inconsciemment la situation. Cela signifie qu'elle doit résoudre le problème de sa vie passée en évacuant la douleur et l'angoisse de cette expérience. De cette façon, ils ne revivent pas l'événement, mais gardent le souvenir d'avoir été guérisseur.

Un bon exemple de croyance au niveau historique est celui que j'ai mentionné plus haut dans le livre : l'élève qui pensait être Jeanne d'Arc (*voir page 74*). Pendant l'approfondissement, l'étudiante a dit : « Je dois sacrifier ma vie pour mes croyances » et a cru qu'elle était Jeanne d'Arc. Que ce soit « vrai » ou non, peu importe. Ce qui compte, c'est de changer la croyance selon laquelle elle doit mourir pour ce qu'elle croit, et l'énergie de la croyance est terminée. Elle a alors pu croire ce dont elle avait besoin, tout en menant une vie saine.

—

Nous n'essayons pas d'enlever la croyance du client, mais plutôt de remplacer la croyance résiduelle qui cause un problème.

—

La présence de croyances dans la vie passée ne signifie pas nécessairement qu'elles ont été réellement vécues. Certaines personnes intuitives accumulent les souvenirs de la vie passée d'un autre individu à partir d'empreintes fantômes ou d'objets inanimés tels que des cristaux. Les anciens souvenirs de ces empreintes peuvent être confondus avec des vies antérieures. Tout ce que nous touchons y laisse notre essence, comme Tout Ce Qui Est touché par d'autres. Certaines de ces énergies peuvent provenir de mémoires génétiques ou de registres akashiques. Lorsque nous sommes dans le bon état d'esprit, nous pouvons faire l'expérience de certains de ces souvenirs qui se chevauchent.

Croyances de conscience collective

Lorsque de nombreuses personnes ont la même croyance, par exemple « le diabète est incurable », elles l'acceptent comme un fait et cela devient une croyance de conscience collective. Lorsqu'un nombre suffisant de personnes croient la même chose, celle-ci devient une partie de la conscience collective de l'humanité. Une fois qu'une personne intuitive se connecte à la conscience collective, celle-ci peut être acceptée et confondue avec une vérité. Lorsque cela se produit, la croyance doit être transformée en une énergie positive.

Voici quelques exemples de croyances de conscience collective :

« Le diabète est incurable. »

« La fin du monde arrive. »

« C'est ma faute si l'Atlantide a été détruite. »

« J'ai peur d'utiliser mon pouvoir. »

« J'ai fait vœu de pauvreté. »

Commencer l'approfondissement

Trouve ces croyances et change-les, afin que les croyances n'affectent pas la vie du client. Passe la commande ou la demande : « Ceci est complété maintenant. C'est terminé. Je suis prêt à aller de l'avant. Merci. C'est fait. C'est fait. C'est fait ».

Continue le travail sur les croyances en demandant :

- Quand cela a-t-il commencé ?

- Qu'en as-tu retiré ?

- Qu'en as-tu appris ?

- Est-ce terminé ? Si la réponse est « oui », demande que « ce soit terminé dans cette vie » et dis « je n'en ai plus besoin ».

APPROCHE D'APPROFONDISSEMENT 8 : L'IMPOSSIBLE

Même si le Créateur fait la guérison, tu en es le témoin. Si tu crois que la guérison est impossible, le témoignage de la guérison sera également impossible. En fait, à chaque fois que tu penses qu'il est impossible de guérir quelque chose, bien sûr que ce sera impossible ! C'est pourquoi nous sommes ThetaHealers, parce que nous sommes vraiment doués pour réaliser l'impossible. Notre travail consiste à faire en sorte que « tout soit possible ».

Certains scientifiques pensent que beaucoup de choses sont impossibles, notamment la guérison. Pourtant, la médecine conventionnelle vient seulement de découvrir un organe du corps jusqu'alors inconnu, appelé « interstitium », qui a été omis au cours des 150 dernières années d'études anatomiques et qui pourrait aider les chercheurs médicaux à comprendre comment le cancer se propage. [5]De même, les scientifiques pensaient que la glande pinéale n'avait aucune utilité et, quand j'étais petite, les médecins enlevaient arbitrairement les amygdales sous prétexte qu'elles étaient « inutiles ».

Quand je vivais dans l'Idaho, je suis allée chez le médecin parce que je ne me sentais pas bien. Lors de l'examen physique, le médecin a regardé dans ma gorge et m'a dit que j'avais les plus grosses amygdales qu'elle ait jamais vues, et elle m'a demandé pourquoi elles n'avaient pas été enlevées bien avant. Cela ne me semblait pas correct et j'ai refusé de me faire opérer ; j'ai fait une guérison à la place. C'est à peu près à cette époque que j'ai également déménagé de l'Idaho au Montana.

Lorsque je vivais dans l'Idaho, j'étais allergique à tous les buissons et arbustes (selon le médecin). Cependant, lorsque j'ai déménagé dans le Montana et que j'ai consulté un médecin pour les mêmes tests d'allergie, je n'étais allergique à rien.

Mais tu sais ce qui avait également disparu ? Le gonflement de mes amygdales. Ce médecin m'a dit qu'il ne trouvait pas mes amygdales et m'a demandé si je les avais fait enlever. Pourtant, l'autre médecin, un an auparavant, m'avait dit que j'avais les plus grosses amygdales qu'elle n'avait jamais vues. Cela devrait être impossible !

J'ai mis le rapport médical d'allergie avec tous les autres, comme l'insuffisance cardiaque congestive (quand j'ai survécu, le médecin m'a juste dit : « Ce n'est pas vraiment guéri »), et la tumeur dans ma jambe (pour laquelle les médecins ont dit : « Je ne sais pas où elle est allée »). Tous ces dossiers sont dans un coffre-fort pour qu'un jour quelqu'un les regarde et voie que c'étaient des guérisons impossibles.

—

L'impossible, c'est une euphorie spirituelle.

—

J'ai travaillé une fois avec une petite fille de trois ans atteinte de diabète de type 1. J'ai fait une guérison sur elle et j'ai assisté au travail du Créateur sur son ADN. Après la guérison, l'enfant n'a plus utilisé d'insuline pendant cinq ans, mais sa mère a dit : « Ma fille a le diabète de type 1 et cela fait cinq ans qu'elle n'a pas utilisé d'insuline. » En déclarant que sa fille « a[vait] le diabète de type 1 », elle espérait que le diabète avait disparu, mais elle n'y croyait pas vraiment. Quelque part dans son subconscient, elle croyait que le diabète était toujours là.

La guérison intuitive est également liée à la mesure où nous avons éliminé les croyances relatives à ce qui est perçu comme étant impossible. Le travail sur les croyances doit se concentrer sur ce qui est perçu comme impossible à réaliser. Dans la classe ADN 3, les ThetaHealers apprennent à faire un travail de guérison sur leur environnement et la planète en prenant conscience des croyances impossibles inhérentes aux croyances massives de la conscience de groupe. Ils commencent à apprendre qui ils sont, non pas comme un être tridimensionnel, mais comme un être multidimensionnel ayant une expérience tridimensionnelle. Ce corps humain est notre système de survie, mais nous sommes plus qu'un corps physique. Pour le prouver, il faut convaincre les étudiants qu'ils *peuvent* déplacer la matière par la pensée pure. Mais beaucoup d'étudiants renoncent à ces exercices parce qu'ils croient qu'ils sont impossibles. Des choses impossibles peuvent être réalisées.

Commencer l'approfondissement

Face à l'évolution des croyances de l'impossible, certaines personnes pensent qu'elles vont quitter leur famille et passer à une autre dimension. Il s'agit là de craintes réelles et le client peut avoir besoin de beaucoup de téléchargements pour se sentir à l'aise.

Lors du travail sur les croyances, les questions à poser sont les suivantes :

- Que se passerait-il si tu pouvais faire ce que tu penses être impossible ?

- Que se passerait-il si tu pouvais faire bouger la matière avec ton esprit ?

- Que se passerait-il si tu pouvais être témoin de guérisons ?

Ces questions sont autant de choses qui peuvent faire naître de terribles craintes, telles que :

« Si je peux faire ça, les gens auront peur de moi. »

« Les gens vont essayer de me tuer. »

« Seul le Christ peut guérir. »

« C'est mal d'être comme le Christ. »

« Si je fais de la "magie", je peux être brûlée comme une sorcière. »

Les clients pensent souvent qu'il est difficile de changer les croyances sur l'impossible, il est donc important de dissiper leurs craintes, entre autres afin qu'ils comprennent qu'ils peuvent le faire en toute sécurité et qu'ils ne risquent pas d'utiliser leurs capacités à mauvais escient.

Le Nouveau Testament nous dit que le Christ a fait de nombreux miracles. En effet, le Christ a dit : « Vous pouvez faire les choses que je peux faire. » À la même époque, il y avait un autre homme nommé Apollonios qui était supposé avoir fait des guérisons à peu près de la même façon que le Christ, cependant, très peu a été écrit à son sujet. Il y a eu de nombreuses références à travers l'histoire au sujet des guérisons miraculeuses. À un certain moment du développement du christianisme, les guérisseurs ont été soit déclarés saints, soit brûlés sur le bûcher – selon la mentalité de l'époque.

Dans certaines consciences de groupe, on croit qu'il est impossible de guérir quelqu'un avec l'énergie de la pensée et de la prière. On apprend alors que les peurs, les doutes et les incrédulités des autres n'aboutiront à rien. Contrairement aux autres méthodes d'approfondissement qui sont utilisées pour trouver des blocages, cette méthode d'approfondissement est utilisée pour reprogrammer le cerveau afin qu'il accepte que l'impossible peut être changé grâce au pouvoir de la pensée et des prières ciblées.

Dans cette exploration, nous apprenons à travailler sur ce que le subconscient de l'individu pense être impossible ; pour lui apprendre que ce sont les croyances de l'esprit qui maintiennent cette réalité en place. De cette façon, ce qui semble impossible peut en fait devenir possible. À tous les niveaux, on vous a enseigné que c'était impossible, mais c'est faux d'une certaine manière.

La première chose à t'enseigner est que quelque chose est possible. Les questions qui peuvent survenir dans le travail sur les croyances avec un client sont des craintes telles que « les gens vont penser que je suis différent », « les gens vont essayer de me faire du mal », ou « si je suis différent, je ne trouverai pas ma place », par exemple. Tu devras donc peut-être utiliser le travail sur la peur (la première approche d'approfondissement) afin de clarifier les questions sur l'impossible.

—

Il est important de développer la capacité d'utiliser toutes les 10 approches d'approfondissement dans une séance au fur et à mesure si besoin.

—

Poursuivre le travail d'approfondissement

Si le client exprime des programmes et des croyances sur ce qu'il croit impossible durant le processus d'approfondissement, il est utile de changer ses croyances, afin qu'il puisse accepter une guérison.

Dis au client d'éviter d'utiliser les expressions suivantes, que ce soit dans ses paroles ou dans ses pensées.

« Je ne peux pas… »

« Mon problème est… »

« C'est impossible… »

« Oui, mais cela ne fonctionne pas pour moi. »

Pose les questions suivantes à ton client :

- Que se passerait-il si…?

- Que se passerait-il si tu pouvais faire cela ?

- Pourquoi est-ce impossible ?

- Qui t'a dit que c'était impossible ?

Télécharge la croyance que « l'impossible est terminé et que c'est possible ».

APPROCHE 9 : CREUSER AU PRÉSENT – APPRENDRE DES DIFFICULTÉS

Dans cette approche d'approfondissement, tu guides le client pour qu'il expose son problème actuel et tu lui demandes ensuite ce qu'il en retire : « Quel bénéfice tires-tu des difficultés que tu vis ? »

Chaque difficulté a une raison plus profonde de se produire. Notre âme apprend de chaque expérience de vie. Peu importe pour l'âme si ce sont de bonnes ou de mauvaises expériences, mais ce que nous en retirons est important. Si nous pouvons apprendre des vertus à travers une situation difficile, alors c'est une bonne chose pour l'âme et c'est pourquoi il est important de reconnaître les bonnes choses que nous avons apprises de toutes les difficultés. De cette façon, nous n'aurons pas à répéter les difficultés dans d'autres situations et nous pourrons nous développer spirituellement sans elles.

Commencer le travail d'approfondissement

Dans cette approche d'approfondissement, tu guides le client pour qu'il t'expose le problème qu'il rencontre actuellement. Ensuite, tu demandes au client ce qu'il en apprend.

La séance de travail sur les croyances ci-après en est un bon exemple.

Au cours de cette séance, l'homme m'a dit qu'il hébergeait sa mère et qu'elle le rendait fou. Je lui ai demandé : « Qu'est-ce que ça t'apporte d'avoir ta mère chez toi ? »

Il a réfléchi pendant un moment avant de répondre : « Ma mère était une personne très autoritaire quand j'étais jeune. Elle contrôlait tout dans ma vie. Maintenant qu'elle est chez moi, c'est moi qui contrôle tout dans sa vie. Mes frères et sœurs ne viennent plus me voir parce qu'ils ne l'aiment pas, alors désormais ils ne peuvent plus me demander de prêt. »

Soudain, il a vu la situation qu'il avait créée au niveau du subconscient profond et comment elle le servait.

Je lui ai enseigné comment comprendre sa mère, pour qu'il puisse vivre avec elle. Je lui ai aussi appris à vivre sans avoir à la contrôler. L'homme a ainsi pu mener une vie plus harmonieuse.

—

Il y a beaucoup de choses qui peuvent être changées en travaillant sur nous-mêmes.

—

Autre exemple, une femme est venue me voir pour une lecture.

Femme : « *Pour une raison indéterminée, je ne peux pas gagner plus d'argent que ce que je gagne actuellement. Je suis bloquée. Je suis en instance de divorce et je souffre beaucoup.* »

Vianna : « Bien, ferme les yeux et dis-moi ce que tu retires de cette souffrance. »

Femme : « *Je n'y gagne rien. Je lutte.* »

Vianna : « Bien, ferme les yeux et va demander au Créateur : "Qu'est-ce que j'obtiens en luttant ?" »

(Elle a fermé les yeux pendant quelques instants avant de parler.)

Femme : « *Tant que je ne gagne pas plus d'argent, je n'ai pas à en donner la moitié à mon mari. Quand nous serons divorcés, je pourrai garder tout l'argent que je gagne.* »

Cette prise de conscience a changé sa vie. Elle a dû comprendre pourquoi c'était si difficile. Et quand le divorce a été prononcé, elle a commencé à gagner beaucoup d'argent.

Lors d'une autre séance, un client cherchait une âme sœur et m'a demandé de l'aider.

Femme : « *Pourquoi ne puis-je pas trouver mon âme sœur ? Je n'ai pas cessé de chercher pendant dix ans. J'ai tout fait. Pourquoi ne puis-je pas la trouver ?* »

Vianna : « Qu'est-ce que tu gagnes à ne pas avoir d'âme sœur ? »

Femme : « *Rien, j'en veux une !* »

Vianna : « Ferme tes yeux et réfléchis. Qu'est-ce que ça t'apporte ? »

(Elle réfléchit avant de répondre.)

Femme : « *Tant que je cherche une âme sœur, je n'ai pas besoin d'en avoir une. J'aime ma maison. J'aime ma façon de vivre, mais tout le monde pense que je devrais avoir une âme sœur. Mais si j'ai une âme sœur, il va changer ma façon de vivre et ma façon d'être. Je ne veux pas changer.* »

En trente secondes, elle avait compris pourquoi elle n'obtenait pas ce qu'elle pensait vouloir.

Au cours de la conversation, une amie m'a dit : « Je n'arrive pas à perdre du poids », en mangeant une barre de chocolat.

Je lui ai demandé : « Qu'est-ce que tu obtiens en étant en surpoids ? »

Elle m'a regardé et m'a dit : « Tu sais que je suis une femme âgée. Si je perds du poids, je vais avoir des rides. Je ne veux pas être ridée. Et si je perds du poids, mon mari deviendra plus jaloux et je ne veux pas être un pruneau ratatiné. »

—

**Le travail sur les croyances des difficultés
que nous rencontrons montrera
toujours les motivations cachées que
nous essayons d'éviter de voir.**

—

Cette femme est venue me voir parce qu'elle avait rompu presque quatorze fois ; son mari la quittait à la même époque chaque année.

Vianna : « Ton mari te quitte à la même époque chaque année ? »

Cliente : « *Oui.* »

Vianna : « Et il revient ? »

Cliente : « *Oui.* »

Vianna : « Comment cela se passe-t-il ? Est-ce qu'il fait ses bagages et il part ? »

Cliente : « *Oui. Il me dit que nous devrions divorcer, que je devrais changer de nom. Il commence à faire les démarches pour vendre notre maison, puis il revient et dit : "Nous sommes à nouveau ensemble."* »

Vianna : « Ferme tes yeux et dis-moi ce que tu retires de cette situation. »

Cliente : « *La première fois que c'est arrivé, j'étais malade et j'ai entrepris un travail de guérison. J'ai d'abord été suivie par une psychothérapeute, puis j'ai commencé le ThetaHealing. J'ai ouvert un nouveau centre et j'ai commencé à voyager. Quand il a décidé de me quitter, j'ai voyagé, j'ai entrepris de nouveaux projets et j'étais très heureuse. Quand il a décidé de revenir, je me suis d'abord sentie oppressée, mais j'ai ensuite compris qu'ensemble, nous aurions de meilleures possibilités dans la vie. J'ai compris que nous nous aimions. Mais il y a encore deux parties de moi qui se battent dans ce mariage. Une partie veut être libre et l'autre veut être mariée. Puis le cycle recommence, et les choses deviennent difficiles entre nous.* »

Vianna : « Bien, quand il part, tu peux t'amuser un peu, et c'est plus facile pour toi de guérir. Est-ce que tu rencontres d'autres personnes quand il part ? »

Cliente : « *Non, je ne veux pas quelqu'un d'autre. Quand il part, il est envieux de moi, mais il se sent mieux que quand il est avec moi.* »

Vianna : « Alors, tu aimes bien qu'il fasse ça. Il te donne de la liberté, t'aide à réaliser d'autres projets, et puis tu récupères ton mariage. »

Cliente : « *Quand nous nous remettons ensemble, c'est à un niveau nouveau et différent à chaque fois.* »

Vianna : « Tant que tu es prête à rompre, tu n'as pas besoin de divorcer et tu gardes une partie de ta liberté. »

Cliente : « *Oui, et je n'ai pas besoin d'un nouvel homme dans ma vie.* »

Vianna : « On dirait que cela rend votre relation très intéressante. »

Cliente : « *Mais maintenant, nous sommes fatigués de cette situation.* »

Vianna : « Voyons voir. Je vais te tester sur le plan énergétique. Répète après moi : "Je suis fatiguée des allées et venues de mon mari." »

Cliente : « *J'en ai marre que mon mari me quitte et revienne.* »

(Elle fait un test musculaire avec une réponse négative.)

Vianna : « Dis : "J'aime faire une pause avec mon mari." »

Cliente : *« J'aime faire une pause avec mon mari. »*

(Elle fait un test musculaire avec comme réponse « oui ».)

Vianna : « Dis : "Ma famille est fatiguée de cette situation." »

Cliente : *« Ma famille est fatiguée de cette situation. »*

(Elle fait un test musculaire et répond « oui ».)

Vianna : *« Mon père et ma mère sont fatigués de cette situation. »*

Cliente : *« Ils n'en savent rien. »*

Vianna : « Bien, qui d'autre est au courant ? »

Cliente : *« Mes enfants sont fatigués de cette situation. »*

(Elle fait un test d'énergie avec comme réponse « oui ».)

Vianna : « Dis : "J'aime cette situation." »

Cliente : *« J'aime cette situation. »*

(Elle répond « oui ».)

Vianna : « Dis : "Tant que cette situation durera, mon mari et moi pourrons continuer à recommencer encore et encore." »

Cliente : *« Tant que cette situation perdure, mon mari et moi pouvons continuer à recommencer encore et encore. »*

(Elle fait un test musculaire avec comme réponse « oui ».)

Vianna : « Voudrais-tu savoir que tu peux encore avoir une partie de ta liberté sans cette situation, et que vous pouvez recommencer sans devoir vous séparer et vous remettre ensemble ? »

Cliente : « *Oui.* »

Vianna : « Dis : "Ça m'ennuie d'être mariée." »

Cliente : « *Ça m'ennuie d'être mariée.* »

(Elle fait un test musculaire avec comme réponse « oui ».)

Vianna : « Voudrais-tu savoir que tu peux créer de la passion dans ton mariage ? »

Cliente : « *Oui, car je m'ennuie vite.* »

Vianna : « Est-ce qu'on peut changer ta peur de t'ennuyer ? »

Cliente : « *Oui.* »

Vianna : « Puis-je changer la croyance de "je m'ennuie" en "le mariage peut être passionnant" ? »

Cliente : « *Oui. Quand j'ai choisi un mari, je me suis assurée qu'il était compliqué. Tous les hommes avec qui je suis sortie et avec qui la relation était facile étaient des hommes ennuyeux.* »

Comme tu peux le voir, nous avons trouvé ce qu'elle retirait de cette situation et il y avait beaucoup de choses positives. Ensuite, nous lui avons appris qu'elle pouvait avoir des choses positives sans créer ces situations. Ensuite, nous lui avons fait le test musculaire pour voir si cette situation était terminée.

Vianna : « Dis : "Je dois créer cette situation avec mon mari." »

Cliente : « *Je dois créer cette situation avec mon mari.* »

(Elle fait un test musculaire avec comme réponse « oui ».)

Vianna : « Alors, quand penses-tu arrêter de créer cette situation ? Dans un an ? Dans deux ans ? »

Cliente : « *Je ne comprends pas pourquoi j'ai besoin de cette situation.* »

Vianna : « Eh bien, tu as l'occasion d'être libre et de créer. »

Cliente : « *Quand je voyage et que nous sommes séparés, je me sens coupable, mais quand il part, je ne me sens pas coupable. Quand je rentre chez moi, je suis très gentille.* »

Vianna : « Veux-tu changer cela ? Voudrais-tu savoir que tu peux voyager sans te sentir coupable et que vous pouvez voyager ensemble ? »

Cliente : « *Je veux voyager sans me sentir coupable, mais quand on voyage ensemble, je dois tout payer parce qu'il n'a jamais d'argent.* »

Vianna : « Mais tu es mariée. Vous ne partagez pas l'argent ? »

Cliente : « *C'est moi qui gagne le plus d'argent dans la relation.* »

Vianna : « C'est "ton argent" dans la relation ? »

Cliente : *« Oui. »*

Vianna : « Mais tu l'aimes. Quand on aime quelqu'un, on peut voyager et partager l'argent. Aimerais-tu savoir que tu peux gagner tellement d'argent que vous pouvez voyager ensemble et apprécier sa compagnie ? Et tu peux trouver un équilibre dans ta relation afin qu'il se sente important. »

Cliente : *« Oui, et que j'aurai assez pour moi, pour lui et mes enfants. »*

Vianna : « Aimerais-tu savoir comment partager ton argent avec celui que tu aimes sans avoir de ressentiment, et que vous pouvez faire plus d'efforts pour être ensemble – en sachant qu'il peut t'aider à te sentir en sécurité ? »

Cliente : *« Oui. »*

Vianna : « Dis : "C'est mal qu'une femme gagne plus qu'un homme." »

Cliente : *« C'est mal qu'une femme gagne plus qu'un homme »*

(Elle fait un test musculaire avec comme réponse « oui ».)

Vianna : « C'est peut-être un programme génétique. Voudrais-tu savoir qu'il est formidable de gagner de l'argent et que tu peux gagner de l'argent sans te sentir coupable et que tu peux l'accepter ainsi ? »

Nous avons trouvé ce qu'elle retirait de cette situation, mais en continuant à creuser, nous avons trouvé d'autres choses sur lesquelles travailler.

Vianna : « Quelle vertu as-tu apprise de cette situation ? »

Cliente : « *J'apprends à pardonner et à l'aimer complètement.* »

Vianna : « As-tu appris à partager ? Comment lui pardonner ? »

Cliente : « *J'ai appris à le connaître et j'ai appris la clairvoyance, parce que je peux lire dans son esprit. J'ai appris à respecter son libre arbitre.* »

Vianna : « Tu as aussi appris à être une grande guérisseuse et que tu peux réussir par toi-même. Aimerais-tu savoir que tu as appris de ces situations ? Et es-tu prête à en savoir plus, tout en sachant que cette situation est terminée ? Peux-tu reconnaître ces choses positives apprises ? »

(La cliente pleure.)

Cliente : « *Oui.* »

Vianna : « Et voudrais-tu savoir comment le laisser t'aimer complètement ? »

Cliente : « *Oui.* »

Vianna : « Quand tu voyages, ce n'est pas que tu ne veux pas partager avec lui, mais c'est que tu te sens utilisée. Voudrais-tu pouvoir voir ses bons côtés quand tu voyages ? »

Cliente : *« Oui. »*

À la fin de la séance, la cliente savait ce qu'elle retirait de la relation et ce qu'elle en apprenait.

Voici quelques questions que tu pourrais te poser ou poser à un client pour identifier les problèmes de difficultés inutiles :

- Pourquoi permets-tu aux gens de te traiter comme ils le font ?

- Pourquoi as-tu des difficultés financières ?

- Pourquoi as-tu des problèmes en amour ?

- En quoi ces difficultés t'aident-elles ?

- Qu'est-ce que tu en retires ?

- Pourquoi l'as-tu créé ?

- Quelle vertu développes-tu à partir de ces difficultés ?

- Comment peux-tu développer des vertus sans difficulté ?

- Sais-tu ce que l'on ressent de vivre sans difficulté tout en développant des vertus ?

APPROCHE D'APPROFONDISSEMENT 10 : APPRENDRE DES VERTUS

Qu'apprends-tu des difficultés et des défis ? Quelles vertus développes-tu de tes expériences ?

Le but de l'âme dans cette vie est d'apprendre des vertus et de développer des capacités. Comme décrit plus haut dans ce livre, une vertu est une forme de pensée légère qui nous permet de créer. Ces pensées vertueuses nous libèrent de l'ancrage matérialiste du corps. Les pensées non vertueuses sont lourdes et bloquent nos capacités de création. Par exemple, si tu veux être un meilleur guérisseur, tu dois posséder les vertus de la gentillesse, du non-jugement et de l'attention aux autres. On nous donne des occasions de développer des vertus tout au long de notre vie ; l'astuce consiste à les développer sans avoir à vivre des situations difficiles au préalable.

L'âme doit développer des vertus pour être capable de réaliser son timing divin (nécessaire à la manifestation, comme décrit plus haut). Cela signifie que tout ce que nous avons fait a de l'importance. Chaque expérience, bonne ou mauvaise, est importante, car elle nous a appris quelque chose de bon.

Mais de quelles capacités avons-nous besoin ? Si nous demandons au Créateur comment être un meilleur guérisseur, alors toute peur, tout doute et toute incrédulité concernant la guérison peuvent surgir. Mais pour être de meilleurs guérisseurs, nous devons être gentils, tolérants, patients, attentionnés, et avoir la capacité d'interagir avec d'autres personnes sans jugement.

Dès que nous prenons conscience de ces vertus, l'âme commence à travailler pour les atteindre. Cela nous donne l'occasion de travailler à la réalisation de ces vertus afin que l'univers ne le fasse pas à notre place.

—

Les seules choses qui empêchent
une guérison sont les peurs, les doutes,
les méfiances et le manque de vertus.

—

Commencer le travail d'approfondissement

Chaque client avec lequel tu interagis est un tremplin vers l'ascension de l'âme. Chaque nouveau client te donne la possibilité de développer des vertus. Si chaque client peut nous apprendre quelque chose de nouveau sur le processus d'approfondissement – qui peut ensuite être utilisé avec d'autres –, il est également important de comprendre ce qu'il t'apprend sur toi-même et sur tes croyances. Alors que le processus ne devrait pas porter sur toi, il est toujours utile de faire un test musculaire pour les croyances similaires *après la séance*, qui peut ensuite être partagé avec le client.

EXERCICE DES VERTUS

Fais équipe avec une autre personne et partagez à tour de rôle ce qui se passe dans votre vie et ce que vous avez appris de ces expériences de vie.

À chaque expérience, parlez de la vertu que vous en avez apprise et des vertus que votre âme aimerait développer.

Ensuite, jouez à tour de rôle le praticien et faites un test d'énergie pour voir si l'autre personne (dans le rôle du client) a reçu le téléchargement afin qu'elle puisse surpasser cette leçon.

LA DANSE

La dernière étape du travail sur les croyances consiste à mettre ensemble ces dix méthodes d'approfondissement pour qu'elles deviennent une belle danse ; un art de guérison qui profite non seulement au client, mais également à toi. Personne ne devrait se sentir torturé dans une séance de travail sur les croyances. Lorsque le client s'en va, il devrait rayonner de joie et de connaissance. Si tu travailles sur toi-même, tu devrais être excité à l'idée de travailler sur toi. Si tu sais comment mélanger toutes les différentes approches d'approfondissement en une seule séance, le client se sentira en sécurité. Et en continuant à faire un travail de croyance sur toi-même, tu deviendras un guérisseur plus accompli et plus efficace.

CONCLUSION
ÊTRE UN THETAHEALER

Rappelle-toi ce que signifie être un ThetaHealer :

Un ThetaHealer travaille avec d'autres personnes pour découvrir les croyances limitantes qui les empêchent d'obtenir ce qu'ils veulent.

Une ThetaHealer enseigne aux autres comment accueillir leurs croyances.

Une ThetaHealer enseigne aux autres comment demander l'aide du Créateur.

Une ThetaHealer enseigne aux autres comment devenir des êtres divins.

Une ThetaHealer enseigne aux autres qu'il est bon d'aller chez le médecin.

Une ThetaHealer enseigne aux autres qu'il est bon d'aller chez un guérisseur.

Une ThetaHealer enseigne aux autres qu'il est bon de voir un esprit, qu'ils ne sont pas fous, et comment l'envoyer dans la lumière.

—

**Nous enseignons aux gens
comment vivre et devenir qui ils sont vraiment.**

—

Voici quelques téléchargements :

Je sais ce que c'est que de faire passer les intérêts de mon client avant les miens.

Je sais comment co-créer avec le Créateur.

Je sais comment creuser pour trouver la croyance clé depuis le point de vue du septième plan.

Je sais comment utiliser toutes les méthodes du travail d'approfondissement dans une séance.

GLOSSAIRE

Système de croyances

Ensemble des croyances d'un individu ou d'un groupe sur ce qui est bien et mal et sur ce qui est vrai et faux.

Travail sur les croyances

Processus consistant à retirer et à remplacer les systèmes de croyances.

Langage corporel

Mouvements physiques qui expriment les émotions et l'état d'esprit d'un individu.

Chaîne de croyances

Des croyances qui sont empilées les unes sur les autres, qui constituent un système de croyances. *Voir aussi* **système de croyances**.

Conscient

Être pleinement conscient de ses actions et de soi-même. La théorie veut que l'esprit conscient ne gère que 10 % du cerveau et le subconscient les 90 % restants. *Voir aussi* **subconscient.**

Croyances de base

Un des quatre niveaux de croyance. Des modèles de comportement dans le subconscient issus de cette vie – et provenant pour la plupart de l'enfance – qui sont devenus une partie de nos programmes. Souvent, c'est un effort de la part du subconscient pour nous protéger et nous garder en sécurité. En travaillant à ce niveau, le praticien sera témoin de changements dans le lobe frontal. Voir aussi les **quatre niveaux de croyance, les programmes** et **le subconscient.**

Le Créateur de Tout Ce Qui Est

L'énergie d'amour la plus intelligente et la plus parfaite depuis laquelle tout ce qui existe est créé.

Méditation avec les cristaux

Une technique permettant de retrouver des souvenirs génétiques et de vie antérieure.

Travail d'approfondissement

Un processus visant à trouver une chaîne de croyances empilées les unes sur les autres et à changer la croyance de fond ou de base. *Voir aussi* **chaîne de croyances.**

Le timing divin

Connaître son destin et laisser l'univers venir à son secours.

Téléchargements

Un processus consistant à être témoin d'affirmations positives venant du Créateur de Tout Ce Qui Est dans l'esprit, comme s'il s'agissait d'un ordinateur. *Voir aussi* **Créateur de Tout Ce Qui Est**.

Test musculaire

Un processus en ThetaHealing pour tester les systèmes de croyances. *Voir aussi* **système de croyances**.

Travail sur les sentiments

Un processus pour enseigner les sentiments du point de vue du Créateur. Par exemple : La perspective du Créateur sur les vertus telles que la bonté, la patience, le non-jugement, etc. *Voir aussi* **Créateur de Tout Ce Qui Est**.

Quatre niveaux de croyance

Il existe quatre niveaux de croyances différents : les croyances de base, les croyances génétiques, les croyances historiques et les croyances de l'âme. *Voir aussi* **croyances de base, croyances génétiques, croyances historiques** et **croyances de l'âme**.

Libre arbitre

Le libre arbitre est la capacité de choisir ce que tu crois. C'est une loi de l'univers qui ne peut être enfreinte.

Travail sur les gènes

Un processus visant à influencer positivement la structure du karma d'un gène.

Il existe trois types de karmas :

- Le karma du présent.

- Le karma de la génétique.

- Le karma des vies passées.

Le karma du présent correspond à des choses faites dans le présent qui créent le karma. Par exemple, si vous traitez mal quelqu'un, il vous traite mal en retour. Le karma de la génétique correspond à un trait hérité d'un ancêtre, ainsi qu'au karma qui lui est associé. Le karma des vies antérieures correspond au karma d'une vie antérieure. Il s'agit d'anciennes croyances hindoues, mais, à l'époque moderne, on parle plus familièrement de causalité.

Croyances génétiques

Un des quatre niveaux de croyance. Croyances que nous avons héritées de nos parents et de nos ancêtres, jusqu'à sept générations en avant et sept générations en arrière. *Voir également* **les quatre niveaux de croyance** et **les sept générations précédentes** et **suivantes**.

Système de guérison

Un processus de co-création dans un état Thêta afin de voir le Créateur faire une guérison. Aider le corps à guérir et à se rétablir. *Voir aussi* **Créateur de Tout Ce Qui Est** et **état Thêta**.

Croyances historiques

Un des quatre niveaux de croyance. Ces croyances sont issues des souvenirs de vies passées, et il y a de nombreuses explications à cela, notamment :

- Des modèles de comportement de plus de sept générations dans le passé.

- Des énergies provenant des archives akashiques.

- Des croyances de conscience collective d'expériences de vies passées.

L'énergie des vies passées des autres est laissée sous forme d'empreintes incorporées dans des objets inanimés. Dans chaque grain de sable, il y a des souvenirs de tout ce qui a vécu sur la Terre – des expériences que nous portons dans le présent à partir de nombreuses vies. *Voir aussi* **les quatre niveaux de croyance**.

Manifestation

Imaginez ce que vous voulez et créez-le.

Serment (ou vœu)

Une promesse ou une affirmation solennelle. Une déclaration qui peut avoir été faite à un autre moment ou en un autre lieu, ou une déclaration faite par un ancêtre qui peut ou non servir quelqu'un dans le présent.

Les plans de l'existence

En ThetaHealing, le terme est utilisé pour décrire les sept différents plans ou royaumes qui sont séparés par le mouvement des atomes :

- Premier plan : les atomes se rassemblent en se déplaçant lentement pour former des solides, par exemple des minéraux.

- Deuxième plan : les atomes commencent à se déplacer plus rapidement pour former des plantes.

- Troisième plan : le domaine des animaux et des protéines.

- Quatrième plan : le royaume des esprits.

- Cinquième plan : le royaume des maîtres ascensionnés.

- Sixième plan : les lois de l'univers.

- Septième plan : une énergie qui se déplace en toute chose. Le début et la fin.

Programmes

Des modèles de comportement qui ont été créés par des croyances dans l'esprit.

Lecture

Lorsqu'un ThetaHealer effectue un scanner corporel sur une autre personne pour obtenir des empreintes de ce qui lui arrive physiquement, émotionnellement, mentalement, spirituellement et dans son avenir.

Travail de libération

Libérer de vieilles émotions ou de vieux programmes.
Voir aussi **programmes**.

Sept générations en avant et sept générations en arrière

Croyances génétiques qui sont modifiées au niveau génétique et qui ont également changé sept générations en avant et sept générations en arrière dans la lignée génétique. *Voir aussi* **croyances génétiques**.

Septième plan d'existence

L'énergie pure de la création qui se déploie dans notre univers et crée des quarks, qui créent des protons, des neutrons et des électrons, qui créent des atomes, qui créent des molécules

Cycle de sommeil

Une période de huit heures pendant laquelle les états de sommeil profond Thêta et Delta ancrent de nouvelles connaissances dans le cerveau.

Croyances de l'âme

Un des quatre niveaux de croyance. Ce sont les plus profonds et les plus répandus de tous les programmes de croyance. Si une croyance est répétée à plus d'un niveau, elle peut aller jusqu'au niveau de l'âme. Même si ton âme vient de Dieu, elle est toujours en train d'apprendre. *Voir aussi* **les quatre niveaux de croyance.**

Subconscient

La partie de l'esprit qui gère les systèmes autonomes du corps, ainsi que certains sentiments et souvenirs. Son principal objectif est de nous garder en sécurité et en vie. L'activité mentale se situe juste en dessous du seuil de la conscience. *Voir aussi* **conscient.**

L'onde cérébrale Thêta

Un état onirique dans lequel les ondes cérébrales ralentissent entre quatre et sept cycles par seconde.

État Thêta ou ondes cérébrales Thêta

Un état de relaxation très profond ; un état créatif et inspirant caractérisé par des sensations spirituelles.

Les vérités ultimes

Une vérité absolue telle que : le soleil se lève, la Terre tourne ou un chien est un chien.

Vœu

Voir **Serment**.

RÉFÉRENCES

1. Jha, A. 2005. « Where belief is born ». Disponible sur : www.theguardian.com/science/2005/jun/30/psychology. neuroscience ; consulté le 21 janvier 2019

2. « 10 Huge Benefits of Thêta Binaural Beats ». Disponible sur : www.binauralbeatsfreak.com/brainwave-entrainment/the-benefits-of-theta-binaural-beats ; consulté le 21 janvier 2019

3. Birney, E. 2015. « Study of Holocaust survivors finds trauma passed on to children's genes ». Disponible sur : www.theguardian.com/science/2015/aug/21/study-of-holocaust-survivors-findstrauma-passed-on-to-childrens-genes ; consulté le 21 janvier 2019

4. Hughes, V. 2013. « Mice Inherit Specific Memories, Because Epigenetics ? ». Disponible sur www.nationalgeographic. com/science/phenomena/2013/12/01/mice-inherit-specificmemories-because-epigenetics/ ; consulté le 21 janvier 2019

5. Gabbatiss, J. 2018. « Interstitium : New organ discovered in human body after it was previously missed by scientists. » Disponible sur : www.independent.co.uk/news/health/new-organhuman-body-interstitium-cancer-skin-scientists-discovery-newyork-a8275851.html ; consulté le 30 janvier 2019

RESSOURCES

Formations de ThetaHealing®

Le ThetaHealing est une modalité de guérison par l'énergie fondée par Vianna Stibal, avec des instructeurs certifiés dans le monde entier. Les séminaires et les livres de ThetaHealing sont conçus comme des auto-guides thérapeutiques pour développer la capacité de l'esprit à guérir. Le ThetaHealing inclut les séminaires et livres suivants :

Les séminaires de ThetaHealing® sont enseignés par des instructeurs certifiés

ThetaHealing ADN Base 1 et 2 praticien

ThetaHealing ADN Avancé praticien

ThetaHealing Manifestation et abondance praticien

ThetaHealing Anatomie intuitive praticien

ThetaHealing Enfants arc-en-ciel praticien

ThetaHealing Maladies et troubles de la santé praticien

ThetaHealing Relations au monde praticien

ThetaHealing ADN 3 praticien

ThetaHealing Animaux praticien

ThetaHealing Plus approfondir praticien

ThetaHealing Plantes praticien

ThetaHealing Âme sœur praticien

ThetaHealing Rythme praticien

ThetaHealing Plans de l'existence praticien

ThetaHealing Faire évoluer tes relations instructeur

ThetaHealing Toi et ton autre significatif

ThetaHealing Toi et le Créateur

ThetaHealing Toi et ton cercle intime

ThetaHealing Toi et la Terre

Séminaires certifiants enseignés exclusivement par Vianna Stibal à l'institut THInK

ThetaHealing ADN Base 1 et 2 instructeur

ThetaHealing ADN Avancé instructeur

ThetaHealing Manifestation et abondance instructeur

ThetaHealing Plus approfondir instructeur

ThetaHealing Anatomie Intuitive instructeur

ThetaHealing Enfants arc-en-ciel instructeur

ThetaHealing Maladies et troubles de la santé instructeur

ThetaHealing Relations au monde instructeur

ThetaHealing ADN 3 instructeur

ThetaHealing Animaux instructeur

ThetaHealing Plus approfondir instructeur

ThetaHealing Plantes instructeur

ThetaHealing Âme sœur instructeur

ThetaHealing Rythme instructeur

ThetaHealing Plans de l'existence instructeur

ThetaHealing Faire évoluer tes relations

ThetaHealing Toi et ton autre significatif instructeur

ThetaHealing Toi et le Créateur instructeur

ThetaHealing Toi et ton cercle intime instructeur

ThetaHealing Toi et la Terre instructeur

ThetaHealing continue d'évoluer et de s'étendre, et de nouveaux séminaires sont souvent ajoutés.
Visitez **www.thetahealing.com** pour les dernières mises à jour.

Livres

Titres français

ThetaHealing® (Hay House, 2006, 2010)

ThetaHealing® Avancé (Hay House, 2011)

ThetaHealing® Maladies et troubles de la santé (Hay House, 2012)

ThetaHealing® Rythme vers le poids idéal (Hay House, 2013)

Les 7 plans de l'existence (Hay House, 2016)

Titres originaux anglais

ThetaHealing® (Hay House, 2006, 2010)

Advanced ThetaHealing® (Hay House, 2011)

ThetaHealing® Diseases and Disorders (Hay House, 2012)

On the Wings of Prayer (Hay House, 2012)

ThetaHealing® Rhythm for Finding Your Perfect Weight (Hay House, 2013)

Seven Planes of Existence (Hay House, 2016)

THInK.®
THETAHEALING
INSTITUTE OF KNOWLEDGE

THETAHEALING INSTITUTE OF KNOWLEDGE®
ATANAHA
29048 BROKEN LEG ROAD, BIGFORK, MONTANA 59911
USA

TÉLÉFONE : (406) 206 3232
E-MAIL : INFO@THETAHEALING.COM
WEB : WWW.THETAHEALING.COM

Pour plus d'informations sur les différents séminaires de ThetaHealing : www.thetahealingworldwide.com ou www.thetahealing.com. Tu peux également nous suivre sur les médias sociaux :

 ThetaHealingbyVianna

 ThetaHealingbyVianna

 @thethetahealing

 thethetahealing

 ThetaHealingVianna

 www.thetahealing.com
www.thetahealingworldwide.com

À PROPOS DE L'AUTEUR

Vianna Stibal

Vianna Stibal Vianna Stibal est la créatrice et fondatrice de la philosophie spirituelle et de la technique de guérison et de méditation connue sous le nom de ThetaHealing®. Guérisseuse, auteur et conférencière de renom, Vianna anime des séminaires avec son mari, Guy, dans le monde entier, pour des personnes de toutes origines, croyances et religions. En 2019, elle avait formé des milliers d'instructeurs et environ 600 000 praticiens travaillant dans plus de 180 pays.

La technique de Vianna amène instantanément l'esprit à un état Thêta profond (état de rêve). En utilisant cet état, elle apprend à ses étudiants à rétablir leur connexion consciente avec le Créateur de Tout Ce Qui Est pour faciliter des changements spirituels, mentaux, émotionnels et physiques.

Après avoir assisté à sa propre guérison, Vianna a découvert comment les émotions et les croyances nous affectent au niveau de base, génétique, historique et de l'âme. De cette découverte est né le travail sur les croyances qui est devenu le cœur et l'âme du ThetaHealing. Le travail sur les croyances est un guide pour trouver ce que nous croyons, pourquoi nous croyons, et comment changer les croyances, changer la maladie, comprendre le vrai plan du Créateur, et créer la réalité que nous désirons. Vianna enseigne que nous sommes des étincelles de Dieu créant notre propre réalité, et que tout dans notre vie sert un but. Elle consacre sa vie à partager son amour pour le Créateur de Tout Ce Qui Est avec un humour sincère et une gentillesse authentique. Ses formations et ses livres changent la vie des gens et continuent à les aider dans le monde entier.

www.thetahealing.com

Découvres des produits et livres
ThetaHealing :

www.w-cooperation.ch

Nous nous réjouissons d'avoir de tes nouvelles !